BIBLIOTHÈQUE

DE L'ÉCOLE

DES HAUTES ÉTUDES

PUBLIÉE SOUS LES AUSPICES

DU MINISTÈRE DE L'INSTRUCTION PUBLIQUE

SCIENCES HISTORIQUES ET PHILOLOGIQUES

CENT-QUARANTE-TROISIÈME FASCICULE

LE CAUTIONNEMENT DANS L'ANCIEN DROIT GREC,
PAR T. W. BEASLEY,
ÉLÈVE DE L'ÉCOLE DES HAUTES ÉTUDES

PARIS (2°)

LIBRAIRIE ÉMILE BOUILLON, ÉDITEUR
67, RUE DE RICHELIEU, AU PREMIER
1902

LE CAUTIONNEMENT

DANS

L'ANCIEN DROIT GREC

LE CAUTIONNEMENT

DANS

L'ANCIEN DROIT GREC

PAR

T. W. BEASLEY

ÉLÈVE DE L'ÉCOLE DES HAUTES ÉTUDES

PARIS (2ᵉ)

LIBRAIRIE ÉMILE BOUILLON, ÉDITEUR

67, RUE DE RICHELIEU, AU PREMIER

1902

A MON MAITRE

M. B. HAUSSOULLIER

DIRECTEUR D'ÉTUDES A L'ÉCOLE DES HAUTES ÉTUDES

HOMMAGE DE RECONNAISSANCE AFFECTUEUSE

Sur l'avis de M. B. Haussoullier, directeur de la conférence
d'épigraphie et d'antiquités grecques, et de MM. A. Jacob et
A.-M. Desrousseaux, commissaires responsables, le présent
mémoire a valu à M. T. W. Beasley le titre d'élève diplômé de
la Section d'histoire et de philologie de l'École pratique des
Hautes Études.

Paris, le 1ᵉʳ avril 1900.

Le Directeur de la Conférence,
Signé : B. Haussoullier.

Les Commissaires responsables,
Signé : A. Jacob,
A.-M. Desrousseaux.

Le Président de la Section,
Signé : G. Monod.

LISTE DES ABRÉVIATIONS PRINCIPALES

ET DES ÉDITIONS DES AUTEURS

C. I. A. — *Corpus Inscriptionum Atticarum.*

C. I. G. — *Corpus Inscriptionum Graecarum.*

C. I. G. S. — *Corpus Inscriptionum Graeciae Septentrionalis.*

I. G. Ins. — *Inscriptiones Graecae Insularum Maris Aegaei.*

S. I. G. — *Sylloge Inscriptionum Graecarum.* Iterum edidit W. DITTENBERGER. Leipzig, 1898-1900.

D. H. R. — *Recueil des inscriptions juridiques grecques.* R. DARESTE, B. HAUSSOULLIER, Th. REINACH. 1re série. Paris, 1891-4.

CAUER. — *Delectus inscriptionum graecarum propter dialectum memorabilium.* Paul CAUER, Leipzig, 1883.

COLLITZ. — *Sammlung der griechischen Dialekt-Inschriften.* Herausgeg. v. Dr Herm. COLLITZ. Göttingen, 1884 et s.

LE BAS-FOUCART. — *Voyage archéologique en Grèce et en Asie Mineure*, partie II. Ph. LE BAS, P. FOUCART (s. l. n. d.).

LE BAS-WADDINGTON. — Même ouvrage, partie III. Ph. LE BAS, W. H. WADDINGTON (s. l. n. d.).

MICHEL. — *Recueil d'inscriptions grecques.* Charles MICHEL. Paris, 1897-1900.

ROEHL. — *Inscriptiones graecae antiquissimae praeter atticas in Attica repertas*, ed. II. ROEHL. Berlin, 1882.

VIERECK. — *Sermo graecus quo Senatus Populusque Romanus ... in scriptis publicis usi sunt, examinatur.* P. VIERECK, Göttingen, 1888.

Wescher et Foucart. — *Inscriptions recueillies à Delphes*, C. Wescher, P. Foucart. Paris, 1863.

Ath. Mitth. — *Mittheilungen des deutschen archäologischen Institutes in Athen.* Athen, 1876 et s.

B. C. H. — *Bulletin de correspondance hellénique.* Paris, 1877 et s.

Eph. Arch. — Ἐφημερὶς Ἀρχαιολογική. Athènes, 1883 et s.

Rev. Arch. — *Revue archéologique.* Paris, 1870 et s.

Rev. de Phil. — *Revue de philologie.* Paris, 1876 et s.

Anthes. — *De emptione venditione Graecorum quaestiones epigraphicae.* E. G. Anthes. Halle, 1885.

Beauchet. — *Histoire du droit privé de la République Athénienne.* L. Beauchet. Paris, 1897.

Bekker, *An. Gr.* — *Anecdota graeca*, ed. Im. Bekker. Berlin, 1814.

Daremberg et Saglio. — *Dictionnaire des antiquités grecques et romaines.* Ch. Daremberg, Edm. Saglio. Paris, 1891 et s.

Gilbert. — *Handbuch der griechischen Staatsaltertümer*, vol. I, 2° éd., Gustav Gilbert. Leipzig, 1893.

Homolle, *Archives.* — *Archives de l'intendance sacrée à Délos.* Th. Homolle. Paris, 1887.

Hermann-Thalheim. — *Rechtsaltertümer*, von K. F. Hermann ; neu bearbeitet von Th. Thalheim. Freiburg i. B. 1895.

Meier-Schömann-Lipsius. — *Der attische Process*, von M. H. Meier und G. F. Schömann ; neu bearbeitet von H. Lipsius. Berlin, 1883-7.

Platner. — *Der Process und die Klagen bei den Attikern.* Ed. Platner. Darmstadt, 1824-5.

Andocidis orationes. — Ed. F. Blass. Ed. II. Teubner, 1880.

Antiphontis orationes. — Ed. F. Blass. Ed. II. Teubner, 1892

Aristotelis Ἀθηναίων πολιτεία, ed. F. Blass. Ed. III. Teubner, 1898.

Aristotelis Politica. rec. F. Susemihl. Ed. III. Teubner, 1894.

Aristotelis Elhica Nicomachea. rec. F. SUSEMIHL. Teubner, 1887.

Demosthenis orationes. — Cur. F. BLASS. Ed. IV. Teubner, 1888 sqq.

Hyperidis orationes. — Rec. F. BLASS. Ed. III. Teubner, 1894.

Isaei orationes. — Ed. C. SCHEIBE. Teubner, 1889.

Isocratis orationes. — Cur. F. BLASS. Ed. II. Teubner, 1895.

Luciani opera. — Ex rec. C. JACOBITZ. Teubner, 1896 sqq.

Lysiae orationes. — Ed. C. SCHEIBE. Ed. II. Teubner, 1897.

Platonis dialogi. — Ex rec. C. F. HERMANNI et M. WOHLRAB. Teubner, 1890 sqq.

Plutarchi vitae parallelae. — Rec. C. SINTENIS. Ed. II. Teubner, 1879 sqq.

Plutarchi Moralia. — Ed. G. N. BERNADAKIS. Teubner, 1888 sqq.

Theophrasti opera. — Ex rec. F. WIMMER. Teubner, 1854 sqq.

Thucydidis histor. — Rec. BOEHME. Ed. II. Teubner, 1885 sqq.

Xenophontis Hellenica. — Rec. O. KELLER. Teubner, 1893.

Photii Lexicon graecum. — Rec. S. A. NABER. Leyden, 1864-5.

Harpocrationis Lexicon. — Ex rec. L. DINDORFII. Oxford, 1853.

Suidae Lexicon. — Ex rec. Im. BEKKER. Berlin, 1854.

Etymologicum Magnum. — Ed. T. GAISFORD. Oxford, 1848.

PRÉFACE

Le cautionnement a été dès la plus haute antiquité en usage chez les Grecs. On en trouve des exemples dans Homère[1] et dans Eschyle[2], et le mot ἐγγύη est employé par ces deux auteurs pour le désigner. On retrouve le même terme dans le proverbe fameux ἐγγύα παρὰ δ'ἄτα[3]. D'autre part, nous voyons dans des inscriptions de l'époque romaine, que le fait de s'être porté caution ou garant était considéré comme digne de mention dans une épitaphe[4].

Auteurs et inscriptions nous apprennent que l'usage du cautionnement était répandu dans tout le monde grec : à Athènes, dans le Péloponnèse, dans la Grèce du Nord, en Asie Mineure, dans les îles et la Grande Grèce.

Nous nous proposons dans le présent mémoire d'étudier aussi

1. Hom., *Od.*, VIII, 351. Δειλαί τοι δειλῶν γε καὶ ἐγγύαι ἐγγυάασθαι. Il s'agit de la rançon d'adultère (μοιχάγρια) que devait payer Arès, et pour laquelle Poseidon s'est porté garant envers Hephèste.

2. Aesch., *Eum.*, 898. Καί μοι πρόπαντος ἐγγύην θήσει χρόνον. Ce sont les Erinnyes qui demandent qu'Athéné leur garantisse leur culte dans la ville d'Athènes.

3. E. g. I. G. Ins., III. 1020.
Kaibel, *Com. Gr. Fr.* Vol. I, fasc. i, 1899. N° 268.
Plato, *Charm.*, 165 A.
V. Hermann-Thalheim, p. 105, note 4.

4. *C. I. G.* 2796., B. C. H., IX, p. 75. N° 5 (Milieu du premier s. av. J.-C).
cf. *Antiphon* Tetr. A. β. 12.

complètement que nous le pourrons ce contrat de cautionnement, qui n'a pas encore fait l'objet d'un travail approfondi[1].

Les textes qui serviront de base à notre étude peuvent être répartis en quatre classes.

1. Les inscriptions, que je cite au premier rang, non seulement parce qu'elles sont très nombreuses, et qu'elles présentent plus de variété que les autres textes, mais parce qu'elles nous inspirent plus de confiance.

2. Les orateurs et les lexiques.

Les renseignements qui nous sont fournis par les orateurs et par les lexiques se rapportent presque entièrement à Athènes, tandis que les inscriptions proviennent des différentes parties du monde grec. Les plaidoyers des orateurs ne peuvent nous inspirer autant de confiance que les autres sources. Les jurés athéniens ne connaissaient que très peu le droit, de sorte qu'un logographe habile pouvait très bien s'appuyer sur de fausses interprétations des lois, sans que la plupart des jurés s'en aperçussent. Donc, comme l'a très bien dit M. Beauchet, nous ne pouvons utiliser qu'avec une grande discrétion les documents ou les renseignements que les orateurs nous fournissent, et nous

---

1. Si intéressants que soient l'article de M. Lécrivain sur « Le cautionnement dans le droit grec classique » (*Mémoires de l'Académie de Toulouse*, 1894, p. 200 sq.), et celui de M. Caillemer sur « Le contrat de dépôt, le mandat et la commission, le cautionnement *sistendi causa* » (*Mémoires de l'Académie de Caen* 1876, p. 508 sq.) le premier n'est qu'une esquisse du sujet, et le second ne traite que d'une partie seulement.

De même, les manuels de droit de Platner, Meier-Schoemann-Lipsius, Hermann-Thalheim, ne donnent que très peu de place à ce contrat.

D'autre part, M. Beauchet dans son « Histoire du droit privé de la République Athénienne », à laquelle nous avons constamment eu recours, tout en faisant une étude très approfondie du cautionnement civil, laisse de côté les cautionnements judiciaire et international.

devons toujours craindre de tomber dans quelque piège destiné aux héliastes[1].

D'autre part, les lexiques se trouvent souvent altérés, mais ces altérations sont tellement manifestes, qu'elles ne peuvent nullement nous égarer.

3. Les historiens.

4. Les philosophes tels que Platon, Aristote et Théophraste. Cependant il est souvent bien difficile de savoir jusqu'à quel point les théories de Platon s'inspirent de la législation athénienne.

Presque tous nos textes datent d'une période comprise entre le cinquième et le troisième siècle avant J.-C., et il faut ajouter que la très grande majorité appartient au quatrième et au troisième. Il nous est donc bien difficile de suivre l'évolution de la pratique du cautionnement, et si l'on peut trouver à la rigueur dans les formules qui datent de cette période des traces d'un système antérieur, ces traces sont très vagues, et ne suffisent pas pour nous permettre d'étudier le développement historique.

Encore il faut ajouter que souvent nous n'avons qu'un seul document pour toute une partie de la Grèce, et parfois les documents que nous avons d'un même pays traitent tous du même genre de cautionnement.

A l'époque classique toutefois les mêmes principes étaient suivis dans la pratique du cautionnement dans presque toutes les parties de la Grèce. Nous nous croyons donc autorisé à considérer tous nos textes comme un ensemble homogène, et à diviser notre sujet suivant l'objet du contrat dont l'accomplissement

1. BEAUCHET, *Préface*, p. XXXII.

est garanti par la constitution de cautions. Il convient cependant de faire remarquer que, puisque pour Athènes nous avons à notre disposition non seulement des inscriptions, comme pour le reste de la Grèce, mais aussi des orateurs, c'est en étudiant le droit athénien que l'on peut connaître le mieux les formes si nombreuses et si variées du cautionnement chez les anciens Grecs.

LE CAUTIONNEMENT

DANS L'ANCIEN DROIT GREC

CHAPITRE I

INTRODUCTION

A. GÉNÉRALITÉS

On peut définir le cautionnement « un contrat par lequel une des parties prend l'engagement personnel d'accomplir au profit de l'autre une présentation qu'un tiers doit à celle-ci comme débiteur principal, dans le cas où ce tiers n'acquitterait pas lui-même sa dette[1]. »

Cette définition répond absolument à l'ἐγγύη grecque telle que nous la connaissons d'après les documents. Il est vrai qu'ou la chercherait en vain chez les philosophes et chez les orateurs, mais dans les lexiques nous trouvons plusieurs définitions.

Ainsi l'un des lexiques de Seguier dit : ἐγγυητής· ὁ ἀναδεχόμενος δίκην, et Hésychius ἐγγύαι· ἀναδοχαί, et ἔγγυος· ἀνάδοχος, ce qui s'accorde exactement avec la définition citée plus haut[2]. Aristote

---

1. AUBRY et RAU, *Cours de droit civil*, IV, p. 672.
2. BEKKER. *An. gr.*, I, p. 244. (*Etym. Mag.* s. v. ἐγγυητής) cf. *ibid.*, p. 52. s. v. 'Αναδέξαι· οἷον ἐγγυῆσαι.

HESYCH. s. v. ἐγγύαι, ἔγγυος.

Nous croyons avec Meier-Schoemann-Lipsius que le texte de Pollux s. v. Εἰς ἐμφανῶν κατάστασιν (ἦν τε δίκη κ. τ. λ.) est un non-sens. De même nous ne voyons pas le sens de Bekker, *An. gr.* I, p. 187. 'Εγγυῆσαι· ὅταν τις κρινόμενος παράσχη δοῦλον ἀνθ' ἑαυτοῦ τιμωρηθῆναι.

citant quelques contrats volontaires place le cautionnement entre le δανεισμός ou prêt de consommation et la χρῆσις ou prêt à usage, mais nous n'avons là qu'une indication de fort peu de valeur à notre point de vue[1].

De même on ne peut rien tirer des passages où il se sert du mot ἐγγυητής pour expliquer le rôle que jouent la loi[2] et la monnaie dans la vie sociale[3].

A. *Caractère du contrat.*

Le cautionnement était purement accessoire au contrat principal, c'est-à-dire qu'il n'était nullement essentiel à la validité de celui-ci.

On a soutenu qu'aux temps primitifs ce contrat formait une partie indispensable du contrat principal, et qu'afin qu'il y eût contrat légalement formé et obligatoire il ne suffisait pas de l'accord de deux volontés, mais qu'il fallait en général l'intervention d'un tiers qui se portât caution. La caution figurait alors dans le contrat principal pour obliger chacune des parties envers l'autre[4].

L'argument le plus fort que l'on cite en faveur de cette thèse, est tiré du registre des ventes de Ténos ; le rôle joué par les cautions prouve, dit-on, le caractère obligatoire et nécessaire de l'intervention d'un tiers dans le contrat.

Or, si l'on peut admettre qu'il en était ainsi pour la garantie de droit dans les ventes, il faut remarquer que la fonction des πρατῆρες Téniens diffère de celle des ἐγγυηταί en général.

D'ailleurs nous possédons des contrats de toute provenance, dans lesquels il n'est fait mention ni de la caution ni du cautionnement. Enfin cet esprit formaliste est tout à fait étranger au droit grec en général, et surtout au droit athénien.

1. ARIST., *Eth. Nic.*, 1131 a 4.
2. ARIST., *Polit.*, 1280 b 11. Ὁ νόμος συνθήκη καὶ καθάπερ ἔφη Λυκόφρων ὁ σοφιστής, ἐγγυητὴς ἀλλήλοις τῶν δικαίων.
3. ARIST., *Eth. Nic.*, 1133 b 12. Ὑπὲρ δὲ τῆς μελλούσης ἀλλαγῆς, εἰ νῦν μηδὲν δεῖται, ὅτι ἔσται, ἐὰν δεηθῇ, τὸ νόμισμα οἷον ἐγγυητὴς ἐσθ' ἡμῖν.
4. D. H. R., p. 100 et DARESTE, *Journal des savants*, 1883, p. 171. Cette question se rattache à celle de la responsabilité qu'aurait encourue la caution envers le créancier, que nous discuterons plus loin, et de même que nous rejetons ici la théorie de l'indispensabilité du cautionnement et de son caractère essentiel, nous ne voulons pas croire que la caution restât seule en face du créancier.

Quoi qu'il en soit, même ceux qui affirment que ce principe de garantie obligatoire a été reconnu aux temps primitifs, admettent qu'à l'époque classique il n'en était plus de même.

Quant à nous, nous croyons qu'à Athènes le cautionnement était un contrat non seulement accessoire, mais aussi purement consensuel. D'autre part il est évident qu'il devait être soumis aux mêmes règles que les contrats en général.

Quel était donc le principe de la formation des contrats à Athènes ?

On a cru que les contrats à Athènes se divisaient, comme à Rome, en contrats « ex verbis, » « ex litteris, » « e re, » « e consensu, » et que les trois premiers seuls étaient valables[1].

C'est là une erreur, croyons-nous. Dans les textes cités par ceux qui soutiennent cette théorie, et où il s'agit d'engagements écrits aussi bien que d'arrhes, nous ne voyons que des preuves du contrat conclu et point de formalités préalables et indispensables à sa validité. Un texte de Démosthène[2] nous paraît concluant. L'orateur dit en effet : πάντες ἄνθρωποι ὅταν πρὸς ἀλλήλους ποιῶνται συγγραφάς, τούτου ἕνεκα σημηνάμενοι τίθενται παρ' οἷς ἂν πιστεύωσιν, ἵν' ἐάν τι ἀντιλέγωσιν, ᾖ αὐτοῖς ἐπανελθοῦσιν ἐπὶ τὰ γράμματα, ἐντεῦθεν τὸν ἔλεγχον ποιήσασθαι περὶ τοῦ ἀμφισβητουμένου, ce qui veut dire que le document écrit n'avait d'autre valeur que celle de preuve. Il faut cependant admettre que presque tous les passages que l'on a cités d'un côté ou de l'autre sont susceptibles d'une double interprétation, suivant le sens que l'on veut leur donner. Mais nous croyons avec la plupart des interprètes que tous les contrats athéniens étaient purement consensuels[3], et, eu égard à l'esprit du droit athénien si libéral dans ses autres manifestations, on peut en conclure que si les contrats principaux étaient consensuels, un contrat accessoire ne l'était pas moins.

---

1. SIEVEKING, *Das Seedarlehen des Alterthums*, pp. 22-25.

Sieveking en combattant la théorie de Gneist, qui veut que les Grecs n'aient connu aucun contrat formel, dit qu'il ne se posait qu'une question, celle de savoir si la relation légale avait pris naissance par voie d'écrit, de témoins, ou d'arrhes. On pouvait choisir la forme, mais il fallait une forme quelconque, pour que le contrat fût valable.

2. DÉM., *C. Apat.*, 36, p. 904.

3. V. MEIER-SCHOEMANN-LIPSIUS, pp. 676-678. — PLATNER, *Process*, I, p. 252 ; II, p. 336. — DARESTE, *Plaidoyers civils de Démosthène*, I, XXXIV. — BEAUCHET, IV, p. 16 sqq., où l'on trouvera une étude très complète de la question. — GNEIST, *Die formellen Vertraege des neueren roemischen Obligationenrechts*. Berlin, 1845, p. 472.

E. *Capacité des personnes.*

Les règles du cautionnement sont celles des contrats en général. Les hommes ne sont admis à cautionner qu'après avoir atteint leur majorité, c'est-à-dire, à Athènes, qu'après avoir été inscrits sur le ληξιαρχικὸν γραμματεῖον, inscription qui avait lieu, on le sait, à l'âge de dix-huit ans révolus[1].

Quant aux femmes, elles ne pouvaient cautionner si elles n'étaient munies de l'autorisation de leur κύριος. Cette règle paraît avoir été en vigueur, non seulement à Athènes, mais aussi dans les autres villes de la Grèce[2]. Toutefois, les mineurs et les femmes qui n'avaient pas obtenu l'autorisation pouvaient, même à Athènes, se porter caution jusqu'à concurrence d'un médimne d'orge[3]. D'autre part s'il s'agissait de membres d'une même famille, les liens de parenté — nous le verrons quand nous étudierons les différentes sortes de cautionnement — n'étaient point considérés comme un obstacle.

Il fallait donc en général que la caution fût majeure, et eût en outre la qualité de citoyen, afin que le cautionnement fût d'autant plus sérieux, et qu'il fût d'autant plus facile de la rendre responsable des pertes qui pouvaient résulter de la mauvaise foi ou de l'insolvabilité du débiteur principal.

Ainsi à Athènes, si les fermiers des impôts étaient parfois des métèques, leurs cautions étaient toujours des Athéniens. C'est ainsi que selon Plutarque[4], Alcibiade se porta caution pour un métèque de ses amis qu'il avait poussé à prendre part aux enchères. De même nous voyons dans la transaction par voie d'arbitrage dont parle Démosthène dans son plaidoyer contre Apatourios[5], que les deux parties sont des étrangers, tandis que leurs cautions sont des citoyens.

Quant au cautionnement judiciaire, il est évident que l'État,

---

1. ARIST., *Ath. Pol.* 42, 1.

2. A Délos par exemple. *B. C. H.*, XIV, p. 392, l. 31 (dans le registre des intérêts payés en 279 av. J.-C.). Γοργὼ καὶ ὁ κύριος Εὐκλείδης ὑπὲρ Χάρητος : mais à la ligne 30, ’Αλεξικράτεια ὑπὲρ ’Αριγνώτου seulement. Toutefois, on ne peut affirmer qu'il s'agisse ici d'un véritable cautionnement.

3. ISAEUS, *De Arist. hered.*, 10., ‘Ο γὰρ νόμος διαρρήδην κωλύει παιδὶ μὴ ἐξεῖναι συμβάλλειν μηδὲ γυναικὶ πέρα μεδίμνου κριθῶν. Cf. LEWY, *De civili condicione mulierum graecarum*, pp. 20-21.

4. PLUT., *Alcib.*, 5.

5. DÉM., *C. Apat.*, 15 sqq., p. 897.

c'est-à-dire les fonctionnaires, n'aurait point agréé des cautions n'ayant pas la qualité de citoyens.

Enfin, citons une inscription d'Oropos[1], qui date du temps de la domination athénienne : il s'agit d'un citoyen athénien, qui cautionne un métèque pour l'entreprise d'une conduite d'eau.

Ce n'est pas à dire que l'on ne puisse trouver dans le droit de l'ancienne Grèce des exemples d'étrangers ayant cautionné autrui : nous en trouvons à Délos[2]; mais il faut croire, que dans ce cas ils avaient obtenu l'ἔγχτησις, c'est-à-dire le droit de posséder des immeubles sur le territoire de la cité.

Quant à la nationalité des cautions en matière internationale, nous l'étudierons au ch. IV, § 2, B.

c. *Nombre des cautions.*

Ce serait une grande erreur de se figurer que chez les Grecs le cautionnement était toujours réduit à sa forme la plus simple, c'est-à-dire à une garantie donnée par une seule personne à une autre pour couvrir un tiers. Le nombre des cautions n'était pas limité. Il y en avait ordinairement d'une à trois, et en étudiant certaines sortes de contrats, nous en trouverons jusqu'à·dix.

Dans les cas où il y en avait plus d'une seule, parfois toutes les cautions étaient solidaires, parfois chacune· d'elles ne s'engageait que pour sa quote-part, et parfois aussi nous trouvons une combinaison des deux principes, par laquelle les unes se portaient caution chacune pour une partie stipulée, et les autres étaient solidaires pour le reste[3].

Souvent quand il y a deux cautions, chacune d'elles s'engage πρὸς τὸ ἥμυσυ, c'est-à-dire pour la moitié seulement[4].

Dans les comptes de l'intendance sacrée à Délos pour l'année 250 avant J.-C., le fermier ne pouvant payer tout son loyer, ses huit cautions comblent le déficit dans des proportions qui

---

1. *C. I. G. S.*, I. 4255 (dern. moitié du IVe s. av. J.-C.).

2. Dans les comptes des hieropes de Délos (de la prem. moitié du IIe s. av. J.-C.) nous trouvons : Συνοιχίαν ἐμισθώσατο Σωτήριχος Διονυσίου Νάξιος — Ἔγγυος Ἄδμητος Διονυσίου Ἀπολλωνιάτης. *B. C. H.* IV (1880), p. 185. Cf. *B. C. H.* XIV (1890), p. 437 et note 3.

3. Pour l'application de ce système à la garantie à Ténos, v. ch. II, § 5, A, b.

4. *B. C. H.*, XIV (1890), p. 391, l. 22 (279 av. J.-C.) ; *ibid.*, p. 431, n. 1 (250 av. J.-C.) et n. 2.

varient entre un soixante-douzième et un tiers du tout[1]. La part qui revient à chacune s'appelle ordinairement τὸ ἐπιβάλλον, quelquefois τὸ ἐπιβαλλόμενον[2].

D. *Sanction du contrat.*

Si le débiteur venait à manquer à son engagement, le créancier pouvait intenter un procès (ἐγγύης δίκη) contre les cautions; nous en trouvons des exemples dans le plaidoyer d'Isée sur la succession de Dicéogène et dans celui de Démosthène contre Apatourios[3].

Quand Théophraste veut citer un trait caractéristique de son ἄκαιρος, il nous le montre demandant à une personne qui vient d'être condamnée à payer la dette pour laquelle elle s'était portée caution, de vouloir bien devenir caution pour lui aussi[4].

Suidas[5] cite un plaidoyer d'Isée περὶ ἐγγύης et Harpocration[6] cite également un plaidoyer de Lysias περὶ ἐγγύης ἐράνου, mais dans ces deux derniers cas il est impossible de savoir s'il s'agit d'un procès intenté par le créancier contre la caution, ou bien si c'est la caution qui, ayant été obligée de payer la dette du débiteur principal, intente un procès contre celui-ci, en recouvrement de la somme payée.

E. *Responsabilité des cautions en cas de poursuites.*

Nous venons de voir que les cautions peuvent être poursuivies si le débiteur manque à son engagement. Maintenant une question se pose : le créancier doit-il, avant de poursuivre les cautions, intenter un procès préalable contre le débiteur principal, ou bien peut-il, sous prétexte que l'engagement n'a pas été tenu au terme, réclamer le paiement de la dette aux cautions sans autre forme de procès?

---

1. V. *B. C. H.*, XIV, p. 431, n. 1 (de 297 av. J.-C.).

2. V. e. g. HOMOLLE, *B. C. H.*, XIV, p. 431, n. 1 (vers 297 av. J.-C.) : Εἶναι τὸ ἀπότεισμα ἅπαν τοῖς ἐγγυηταῖς κατὰ τὸ ἐπιβαλλόμενον ἑκάστωι.

3. V. *infra*, ch. I, § 5.

4. THEOPHR., *Char. XII.* Καὶ δίκην ὠφληκότα ἐγγύης προσελθὼν κελεῦσαι αὐτὸν ἀναδέξασθαι,

5. SUIDAS, s. v. Ἀνάκαιον. Ἰσαῖος ἐν τῷ πρὸς Ἕρμωνα περὶ ἐγγύης.

6. HARP., s. v. Ἐρανίζοντες· τὸ δὲ ὄνομα παρὰ Λυσίᾳ ἐν τῷ πρὸς Ἀριστοκράτην περὶ ἐγγύης ἐράνου, εἰ γνήσιος. V. *infra*, ch. II, § 3.

On ne trouve dans les textes aucune trace de la nécessité de telles poursuites préalables ; sauf dans les ças où le contrat même aurait réglé la question de priorité, la caution et le débiteur principal peuvent tous les deux être l'objet de poursuites immédiates[1]. On peut citer à ce propos une inscription d'Athènes de l'époque impériale. Dans cette inscription, dit Boeckh, il s'agit probablement de fermiers de l'État, et il est dit que les fermiers en retard paieront un intérêt d'un pour cent par mois, et qu'il leur est accordé un délai de deux mois à dater du dernier paiement. Si passé ce délai ils n'ont pas encore payé, les trésoriers, assistés du héraut, vendront les terres hypothéquées. Toutefois il sera permis, en premier lieu, aux fermiers eux-mêmes, et en second lieu, à leurs cautions, de dégrever ces terres dans les soixante jours[2].

Nous voyons de même à Délos, dans les contrats de location des terrains sacrés, que si le fermier ne paie pas son loyer, on saisira les fruits d'abord, puis les bestiaux et les esclaves, et qu'enfin, si le produit de la vente n'atteint pas la dette, on affectera au paiement les biens privés des fermiers et de leurs cautions[3].

Enfin, la ville de Delphes se propose, si un prêt qu'elle a fait n'est pas remboursé à l'échéance, de vendre les gages qu'elle détient. Si le produit de la vente n'est pas suffisant, la ville poursuivra et les emprunteurs et les cautions jusqu'à ce qu'elle soit rentrée dans son argent[4].

Mais dans tous les cas que nous venons de citer il s'agit d'hypothèques ou de gages, et il est tout naturel que le créancier ait songé d'abord à de tels moyens pour se faire rembourser ce qui lui était dû.

Si l'on fait exception de ces cas particuliers, il semble qu'au point de vue juridique la position de la caution ait été la même que celle du débiteur principal. Le créancier pouvait réclamer l'accomplissement du contrat à l'un ou à l'autre à son gré.

1. V. Hermann-Thalheim, p. 105. — Meier-Schoemann-Lipsius, p. 707.

2. *C. I. A.*, III, 39 (époque impériale). Ἀποδόσθωσαν οἱ ἀργυροταμίαι μετὰ τοῦ κήρυκος τὰς ὑποθήκας, ἐχόντων αὐτὰς ἐξουσίαν λύσασθαι ἑξήκοντα ἡμερῶν πρῶτον μὲν τῶν δεδωκότων, εἶτα καὶ τῶν ἐγγυητῶν οἵτινες ὑπεύθυνοι τῶν ἐνδεησάντων.

3. *B. C. H.*, XIV (1890), 433, n. 2 (297 av. J.-C.). Ἐιὰν δέ τι ἐνλείπει τοῦ μισθώματος πραθέντων τῶν καρπῶν. ἀποδόσθων πρὸς τὸ ἐλλεῖπον τοὺς βοῦς καὶ τὰ πρόβατα καὶ τὰ ἀνδράποδα. Ἐιὰν δὲ καὶ τούτων πραθέντων ἔτι ἐλλείπει τι τοῦ μισθώματος. ἐπιπρασσόντων τὸ ἐλλεῖπον ἐκ τῶν ὑπαρχόντων τοῖς μεμισθωμένοις καὶ τοῖς ἐγγυηταῖς.

4. *S. I. G.*, 306 (= Michel, 263), 1. 68 sqq. (Milieu du IIᵉ s. av. J.-C.).

Dans une inscription d'Orchomène, par exemple, qui traite d'un prêt fait à la ville par Nicaréta, il est dit qu'il sera permis à celle-ci de réclamer son argent aux emprunteurs aussi bien qu'à leurs cautions, soit à un seul, soit à plusieurs, soit à tous, sur leurs biens privés, de toutes façons qu'elle voudra[1].

Nous retrouvons la même formule dans un décret d'une tribu athénienne[2], où on lit : Τὰς δ[ὲ ἐνεχυρ]ασίας ἐκ τῶν τοῦ μισθωσαμένου εἶναι καὶ τοῦ ἐγγυητοῦ αὐτοῦ τροφῶν, c'est-à-dire qu'on saisira les biens du fermier des terrains, aussi bien que ceux de sa caution.

On a dit cependant[3] qu'il fallait au préalable, avant d'intenter des poursuites contre la caution et même sans poursuivre le débiteur, sommer celui-ci d'avoir à payer sa dette. Or le passage même d'Isée que l'on a cité à l'appui de cette thèse prouve plutôt le contraire. Le demandeur dit : Ἐπειδὴ δὲ οὐ ποιεῖ Δικαιογένης ἃ ὡμολόγησε, δικαζόμεθα Λεωχάρει ἐγγυητῇ γενομένῳ Δικαιογένους[4], ce qui démontre que Dicéogène n'ayant pas tenu son engagement, ce fait même suffisait pour que l'on intentât un procès contre sa caution.

D'ailleurs, comme l'a très bien remarqué Beauchet[5], dans un passage de Démosthène[6] où il est question d'une sommation avant le commencement du procès, la sommation dont il s'agit n'est pas adressée au débiteur principal, mais à la caution elle-même. Cependant, bien qu'il soit probable qu'une telle sommation a été d'usage, on aurait tort d'y voir une nécessité juridique.

D'autre part, il n'y a pas lieu d'appliquer au cautionnement l'hypothèse émise par certains auteurs à propos de la garantie dans la vente[7], et d'affirmer que, le contrat une fois fait, la caution seule restait en face du créancier.

Les textes que nous avons déjà cités démontrent assez l'erreur d'une telle théorie, et on pourrait en citer beaucoup d'autres. Il se peut très bien que ce fût d'ordinaire à la caution que l'on

1. *C. I. G. S.*, I, 3172, 1. 29 sq. (fin du III⁰ s. av. J.-C.). Ἡ δὲ πρᾶξις ἔστω ἐκ τε αὐτῶν τῶν δανεισαμένων, καὶ ἐκ τῶν ἐγγύων, καὶ ἐξ ἑνὸς καὶ ἐκ πλειόνων καὶ ἐκ πάντων, καὶ ἐκ τῶν ὑπαρχόντων αὐτοῖς, πραττούσηι ὃν ἂν τρόπον βούληται.

2. *C. I. A.*, II, 565, 1. 10 sqq. (fin du IV⁰ s. av. J.-C.). Cf. D. H. R., n⁰ XII. Tab. II, 157 (à Héraclée, IV⁰ s.).

3. CAILLEMER, *in* DAREMBERG et SAGLIO, s. v. Ἐγγύη.

4. ISAEUS, *De Dic. hered.* § 1.

5. IV, p. 473.

6. DEM., *C. Apat.*, 25-26, p. 900.

7. V. *infra*, ch. II, § 5.

eût recours, si le débiteur principal n'avait pas rempli son engagement, mais cela tenait au caractère même du cautionnement. Celui que l'on choisissait comme caution était presque toujours, comme de raison, un homme riche ou d'une situation élevée, et sa solvabilité était une condition dont on faisait souvent mention dans le contrat. Quant au cautionnement judiciaire, si le cautionné était contumace, on ne pouvait contraindre que la caution. Dans l'inscription sur les mystères d'Andanie[1], il est stipulé que si celui qui fournit les victimes pour les sacrifices ne les présente pas dix jours avant les mystères mêmes, les prêtres infligeront aux cautions une amende de moitié en sus du prix stipulé, et il n'y a aucune mention faite de la partie principale. Mais ce texte ne prouve rien, car la somme dont il s'agit n'est pas forte, et le cautionné étant probablement peu riche, il aurait été peut-être inutile de rien lui réclamer.

On aurait tort aussi de citer l'exemple des grands banquiers romains, les Fufii, dont parle Cicéron[2], car le fait qu'ils réclamaient l'argent prêté non pas à Héraclide l'emprunteur, mais à sa caution Hermippe, peut très bien s'expliquer par la plus grande solvabilité de celui-ci.

Or, les cautions étaient non seulement sur le même pied que les débiteurs principaux, quant à l'ordre des poursuites, mais elles encouraient les mêmes peines et amendes.

Si le fermier d'un terrain sacré, par exemple, ne remplit pas les conditions du contrat, la caution est tenue de payer les amendes encourues par le fermier, et il lui est parfois expressément défendu d'avoir recours en justice contre les décisions des intendants sacrés à ce sujet[3].

Ce principe de la solidarité des cautions et du débiteur principal est formulé par Andocide, du moins en ce qui concerne le cautionnement judiciaire. Il raconte que quelques accusés, dans l'affaire des mystères à Athènes, s'étaient fait cautionner et qu'ils passaient à l'ennemi en abandonnant leurs cautions aux mêmes peines qu'ils auraient encourues eux-mêmes[4]. La peine aurait pu être la mort, et cette sévérité apparente a choqué certains critiques. Mais nous reviendrons sur ce texte.

---

1. *S. I. G.*, 653, l. 69 sqq. (= Michel, 694). 91 av. J.-C.
2. Cicero, *Pro Flacco,* 20-21. Il est impossible de savoir si l'affaire fut réglée selon le droit grec ou le droit romain. V. *infra*, ch. I, § 6.
3. D. H. R., n° XII. Tab. II, l. 154, p. 208.
4. Andocides, *De myst.*, 44. Cf. ch. III, § 3, a.

A Gortyne, on pouvait saisir la personne de la caution et confisquer ses biens[1]. Il faut remarquer à ce propos que le κατακείμενος, c'est-à-dire l'homme qui s'était engagé jusqu'à l'acquittement de sa dette, ne perdait pas sa liberté, et il en était sans doute de même de la caution[2].

F. *Rapports de la caution et du cautionné.*

Il va de soi que la caution, qui avait été obligée de payer la dette du cautionné, avait un recours contre celui-ci. C'était peut-être un procès spécial, une autre δίκη ἐγγύης, ou c'était peut-être à la δίκη βλάβης qu'il fallait recourir.

Il semble à peine probable qu'il ait été question de la δίκη συμβολαίων (ou συνθηκῶν) παραβάσεως[3] : il n'existait vraisemblablement pas de contrat entre le débiteur et sa caution[4].

Toutefois est-il dit dans une inscription de Délos, citée par Guiraud[5], que si une caution vient à payer un terme du loyer pour le compte du fermier, ce dernier sera inscrit par le Conseil comme débiteur de sa caution pour une somme de moitié en sus de l'argent payé. C'était un moyen de protéger la caution contre la mauvaise foi du cautionné.

Selon un passage de Xénophon[6], les cautions, au moins dans le cautionnement *judicio sistendi causa*, auraient eu le droit d'enfermer chez elles les prévenus. Mais il semble très douteux que cela ait été permis par la loi. C'était plutôt un moyen extraordinaire de s'assurer de leurs personnes, justifié seulement par le désordre de la cité.

De même quand il s'agit dans le plaidoyer de Démosthène contre Apatourios, de la saisie du navire de celui-ci, ce n'est pas, croyons-nous, en tant que caution, mais en tant que créancier hypothécaire que la caution d'Apatourios a fait la saisie. En

---

1. D. H. R., p. 382, l. 41   Υἱύς, αἴ κ' ἀνδεκσήται ἇς κ' ὁ πατὴ<δ> δώη, αὐτὸν ἀλήθαι καὶ τὰ κρήματα ἅ τί κα πεπάται (V° s. av. J.-C.).

2. D. H. R., p. 487.

3. Platner, II, p. 368. Cf. Beauchet, IV, p. 483.

4. Sur cette question, v. Meier-Schœmann-Lipsius, p. 708.

5. Guiraud, *La propriété foncière en Grèce jusqu'à la conquête romaine*, p. 441, note 4 : Ἄν τις τῶν ἐγγυητῶν εἰσπραχθεῖ τοῦ μισθώματος ὑπὸ τῶν ἱεροποιῶν, ἢ αὐτὸς ἀποδῶι ὑπὲρ τοῦ καταστήσαντος αὐτὸν ἐγγυητήν, ἐγγραφέτω ἡ βουλὴ ὀφείλοντα τῶι ἐγγυητῆι τὸν καταστήσαντα τὸ ἀποτεισθὲν ἀργύριον ἡμιόλιον κ. τ. λ.

6. Xen., *Hell.*, I, VII, 35. Cf. Meier-Schœmann-Lipsius, 707-8.

effet, la caution était le vrai propriétaire du vaisseau, l'ayant acquis par une vente à réméré[1].

Cicéron[2] en relatant les difficultés financières d'Héraclide nous raconte qu'Hermippe ayant payé une dette d'Héraclide, pour laquelle il s'était porté caution, le poursuivit en justice, et que, comme Héraclide refusait de s'exécuter conformément à la décision des *recuperatores*, il fut adjugé à Hermippe. Mais l'intervention des *recuperatores* démontre que l'affaire avait été portée devant un tribunal romain. Nous ne pouvons donc tirer de ce passage aucune conclusion certaine sur le droit grec, bien qu'il soit possible que l'affaire ait été jugée selon la loi grecque; nous savons en effet que la contrainte par corps était d'usage dans une grande partie de la Grèce[3].

G. *Durée.*

La durée du cautionnement dépendait de celle du contrat principal. Dans les fermages de terrains, la caution étant tenue de la même manière et au même degré que le débiteur principal, sa responsabilité ne pouvait pas cesser avant celle de ce dernier. Il est stipulé à Lébadée[4], que si le contrat de l'entreprise des travaux du temple vient à être résilié, et qu'un autre entrepreneur soit substitué au premier, celui-ci et ses cautions ne seront pas libérés de leur engagement avant la vérification définitive des travaux qui faisaient le sujet du premier contrat.

On a érigé en règle universelle une loi citée par Démosthène, et qui limite le cautionnement à un an, mais cela nous paraît impossible[5]. Nous venons de voir que la caution était sur le même pied que le cautionné, non seulement quant aux obligations et amendes, mais aussi quant au temps fixé pour l'exécution des contrats. Aussi dans le bail à perpétuité des Cythériens,

---

1. DEM., c. *Apat.*, 10, p. 895.

2. CICERO, *Pro Flacco*, 20-21.

3. MITTEIS, *Reichsrecht und Volksrecht in den oestlichen Provinzen des roemischen Kaiserreichs*, p. 447.

4. C. I. G. S., I, 3073, l. 24 (= MICHEL, 589), IIᵉ s. av. J.-C., Μηδὲ ἀπολελύσθωσαν ἀπὸ τῆς ἐργωνίας οἱ ἐξ ἀρχῆς ἔγγυοι καὶ ὁ ἐργώνης, ἄχρι ἂν ὁ ἐπαναπριάμενος τὰ παλίνπωλα τοὺς ἐγγύους ἀξιοχρέους καταστήσηι· περὶ δὲ τῶν προπεποιημένων οἱ ἐξ ἀρχῆς ἔγγυοι ἔστωσαν ἕως τῆς ἐσχάτης δοκιμασίας.

5. DEM., c. *Apat.*, 27, p. 901, τὸν νόμον ὃς κελεύει τὰς ἐγγύας ἐπετείους εἶναι. Cf. HERMANN-THALHEIM, p. 103, n. 7; MEIER-SCHOEMANN-LIPSIUS, p. 709, n. 648.

il est dit de la caution : ἐγγυητὴς τοῦ ποιήσειν τὰ γεγραμμένα ἐν τῶι χρόνωι τῶι γεγραμμένωι[1].

De même à Héraclée le cautionnement dans un bail emphytéotique est renouvelable tous les cinq ans[2].

On a soutenu, je le sais, que la prescription d'un an partait du jour fixé pour le paiement de la somme garantie, mais cela s'accorde mal avec l'égalité absolue des cautions et des cautionnés devant la loi. Démosthène ne parle d'ailleurs, ici, que d'un cautionnement garantissant l'exécution d'une décision arbitrale en matière commerciale. Aussi faut-il croire que la loi citée par l'orateur se rapporte seulement au cautionnement *judicatum solvi*[3], et cela dans un certain nombre de cas, dont nous parlerons au ch. III, sect. 3.

H. *Transmission du cautionnement.*

Le cautionnement était transmissible aux héritiers. C'est le principe que formule le premier code de Gortyne : αἰ ἀνδεκσάμενος ἀποθάνοι... ἢ τούτωι ἄλλος ἐπιμωλὲν ἰῶ πρὸ τῶ ἐνιαυτῶ, et plus bas : Ἀνδοκᾶ ⟨ δ ⟩ δὲ — μαίτυρες οἱ ἐπιβάλλοντες ἀποπωνιόντων· ἢ δέ κ' ἀπο-Ϝείπωντι δικαδδέτω ὀμόσαντα αὐτὸν καὶ τὸνς μαιτύρανς νικὲν τὸ ἁπλόον. C'est-à-dire qu'à Gortyne " comme dans toute société où l'écriture n'est pas d'un usage courant, la transmission constituait un véritable renouvellement en justice. " Le créancier produisait ses témoins, et l'héritier était condamné à payer le cautionnement à l'échéance, s'il y avait lieu. Nous ne pouvons qu'adopter l'explication que donnent les auteurs de la phrase ἢ τούτωι ἄλλος, à savoir : si le créancier venait à mourir, ses héritiers devaient citer la caution en justice, afin de justifier de leurs droits[4].

Le principe de la responsabilité des héritiers de la caution a dû prévaloir à Athènes aussi, mais le renouvellement devant un tribunal, en supposant que cet usage y ait jamais existé, était tombé en désuétude à l'époque que nous connaissons le mieux,

---

1. D. H. R., XIII, ter. l. 20-22, p. 242. (2ᵉ moitié du IVᵉ s. av. J.-C.
2. *Ibid.*, XII, l. 104-5, p. 202, cf. p. 233.
3. V. MEIER-SCHOEMANN-LIPSIUS, p. 709, n. 648. — HERMANN-THALHEIM, p. 105, n. 7. — BEAUCHET (IV, p. 525 sqq) se trouve dans l'impossibilité de déterminer la nature du cautionnement dont parle l'orateur.
4. D. H. R., XVII, col. IX, ll. 24 sqq. et 34 sqq., p. 382. Commentaire, p. 477-478.

Or à Gortyne[1], à l'encontre de ce qui avait lieu à Athènes[2], si les héritiers de la caution consentaient à abandonner la succession aux créanciers, ils ne pouvaient pas être poursuivis pour le restant de la dette.

B. Les divers contrats auxquels s'applique le cautionnement.

Nous distinguons d'abord trois sortes de cautionnements : le cautionnement en matière civile, en matière judiciaire, en matière politique, que nous divisons à leur tour comme il suit :

(A) *Cautionnement civil.*

Section 1) Fermages et locations.
       2) Travaux publics.
       3) Prêts.
       4) Banque.
       5) Vente (y compris la βεβαίωσις).
       6) Cas spéciaux.

Dans le classement des sections de ce chapitre nous avons tenu compte autant que possible des différents degrés de l'aliénation de la chose. Ainsi nous commençons par les locations, où le bailleur garde son droit de propriété, et nous finissons par la vente où le vendeur y renonce complètement. Nous nous sommes efforcé, dans l'étude des différents contrats, de passer de ceux où l'une des parties est une corporation (telle qu'État, temple, tribu, dème), à ceux qui sont consentis par des particuliers.

(B) *Cautionnement judiciaire.*

Section 1) *Judicio sistendi causa* (y compris l'ἀφαίρεσις εἰς ἐλευθερίαν).
       2) *Judicatum solvi.*

---

1. D. H. R., *ibid.*, § 72, p. 388.
2. V. Meier, Schömann, Lipsius, 573. — Hermann-Thalheim, p. 83. Cette incapacité de renoncer à la succession ne s'applique qu'aux descendants du *de cujus*.

(c) *Cautionnement politique.*

Section 1) Fonctionnaires.
         2) Proxénie.
         3) Cautionnement international autre que dans la proxénie.

CHAPITRE II

LE CAUTIONNEMENT EN MATIÈRE CIVILE

Section 1. — Fermages et locations.

Xénophon parlant des biens et des revenus de l'État dit qu'il était d'usage d'exiger des cautions de ceux qui prenaient à ferme les domaines sacrés[1]. Or cet usage se retrouve partout dans les inscriptions qui contiennent des baux consentis soit par l'État, soit par une autre corporation, telle que tribu, dème ou temple.

La rédaction de ces baux était d'ordinaire réglée par des lois et règlements généraux. C'est ainsi que dans une inscription d'Athènes du cinquième siècle avant J.-C., il est prescrit à l'archonte d'inscrire sur le mur du temple les noms des fermiers de l'enceinte sacrée de Codros, Néleus et Basilé, avec ceux de leurs cautions, conformément à la loi portée sur la location des τεμένη[2]. A Mylasa également on impose des conditions κατὰ τὸν πωλητικὸν νόμον[3], et à Amorgos les fermiers et leurs cautions sont tenus de payer une amende de moitié en sus du versement en retard, « selon la loi[4]. »

Dans ces passages il s'agit de lois proprement dites. Or, à côté de ces lois, il y avait, pour chaque série de baux, des règle-

---

1. Xen., *de Vect.*, IV, 19-20 : Μισθοῦνται γοῦν καὶ τεμένη καὶ ἱερὰ καὶ οἰκίας, — ὅπως γε μὴν τὰ ὠνηθέντα σώζηται, τῷ δημοσίῳ ἐστὶ λαμβάνειν ἐγγύους παρὰ τῶν μισθουμένων.

2. *C. I. A.*, IV, 1, 53 a. p. 66 : Κατὰ τὸν νόμον ὃς κεῖται τῶν τεμενῶν. (418/7 av. J.-C.)

3. *B. C. H.*, XXII, p. 351. Col ɪɪ, l. 2.

4. *S. I. G.*, 531 (= *B. C. H.*, XVI, 277) (fin du ɪvᵉ s. av. J.-C.)

ments spéciaux, sorte de cahier des charges, qui s'appelait à Délos[1] ἡ ἱερὰ συγγραφή, et qui réglait toutes les conditions de la location.

Les terrains et bâtiments étaient affermés, et c'était à ce moment qu'on devait constituer des cautions : la présentation et la réception des cautions sont désignées à Délos par le mot αἱ διεγγυήσεις[2]. On trouve même dans les comptes des hiéropes Déliens la mention des sommes dépensées pour l'acquisition de tablettes (λευκώματα et πίτευρα[3]) sur lesquelles on inscrivait les noms des fermiers et de leurs cautions.

D'ordinaire on stipule que les cautions devront être solvables, ὠνάξιοι ou ἀξιόχρεῳ[4], ou bien agréées par les magistrats de la ville[5], ce qui revient au même. Parfois il leur faut justifier de leurs biens par témoins[6].

De même dans un décret du dème du Pirée il est dit que si le montant du loyer ne dépasse pas dix drachmes, le preneur devra constituer une caution qui engagera ses biens, mais que si le loyer est de plus de dix drachmes, il lui faudra constituer une hypothèque d'une valeur égale à celle du loyer[7].

Si le locataire ne constituait pas de cautions, ou ne fournissait pas d'hypothèques au jour pris pour la réception des cautions, le contrat était résilié et le terrain était affermé de nouveau. Le locataire encourait même une amende qui était parfois

---

1. *B. C. H.*, XIV, p. 430, n. 3 (250 av. J.-C.). — Cf. *B. C. H.*, VI, p. 64, n. 1 (milieu du iii° s. av. J.-C.)

2. *B. C. H.*, XIV, p. 430, n. 3 : Ἀνεμισθώσαμεν δὲ καὶ τὸ χωρίον οὐ καθιστάντος Ξενομήδους τοὺς ἐγγύους κατὰ τὴν ἱερὰν συγγραφήν, ὅτε ἦσαν αἱ διεγγυήσεις. (250 av. J.-C.) — Cf. *B. C. H.*, VI, p. 64, n. 1. (Comptes de Sosisthénès, 250 av J.-C.).

3. HOMOLLE, *Archives*, p. 13, n. 1 : Λευκώματα εἰς διεγγυήσεις Ⱶ Ⱶ Ⅰ. *B. C. H.*, VI, p. 81 : Πίτευρον ταῖς ἐγγυήσεσιν. (Comptes de Cosmiadès, 198 av. J.-C.)

4. *B. C. H.*, XIV, p. 431, n. 2 (à Délos). *C. I. G. S.*, I, 1739, l. 9 (à Thespies. 2° moitié du iii° s. av. J.-C.)

5. *D. H. R.*, n° XII, l. 104 ss., p. 202 (à Héraclée) : Ποτάξοντι δὲ πρωγγύως τοῖς πολιανόμοις τοῖς ἀεὶ ἐπὶ τῶν Ϝέτεων ἔντασσιν πὰρ πενταετηρίδα ὡς κα ἐθέλοντες τοὶ πολιανόμοι δέχωνται.

6. *Ibid.*, l. 154 ss., p. 208 : Τὼς δὲ πρωγγύως τὼς ἀεὶ γινομένως πεπρωγγυευκῆμεν — καὶ αὐτὼς καὶ τὰ χρήματα ἅ κα ἐπιμαρτυρήσωντι. Il faut probablement entendre ici que la caution justifie de ses biens au moment où elle se présente, afin de prouver sa solvabilité.

7. *C. I. A.*, II, 1059, l. 3. (321/320 av. J.-C.) : Τοὺς μισθωσαμένους ὑπὲρ Δ δραχμὰς καθιστάναι ἀποτίμημα τῆς μισθώσεως ἀξιόχρεων, τοὺς δὲ ἐντὸς Δ δραχμῶν ἐγγυητὴν ἀποδιδόμενον τὰ ἑαυτοῦ τῆς μισθώσεως.

du double du loyer convenu[1], et parfois de moitié en sus de la différence, s'il y en avait une, entre le prix original et le prix d'une nouvelle location[2].

Le paiement du loyer était réglé par le contrat et le nombre des termes pouvait varier. A Athènes, d'après un passage d'Aristote, ce paicment du loyer des domaines sacrés se faisait une fois par an à la neuvième prytanie[3]. Dans d'autres baux athéniens, le loyer était payable en deux ou trois termes[4].

Si le paiement n'avait pas été fait au terme, les cautions aussi bien que les fermiers étaient inscrites à Amorgos[5], par exemple, comme débiteurs de moitié en sus de la somme à payer. Mais, à Athènes, quand il s'agissait des biens publics, l'amende était du double, conformément au principe général suivi à l'égard des débiteurs de l'État. C'est à dire que les fermiers et les cautions devenaient *ipso facto* ἄτιμοι, et à la neuvième prytanie suivante, si l'amende n'avait pas été payée, leurs biens étaient vendus au profit de l'État, et on pouvait les emprisonner jusqu'à paiement[6]. De même à Héraclée, ils étaient tous responsables du double de l'arriéré, et le bail était de nouveau mis aux enchères[7]. Toutefois, en cas de force majeure, les cautions, aussi bien que les fermiers étaient libérées de leur engagement[8].

Il résulte du lien étroit qui existait en droit entre le cautionné et sa caution, que celle-ci restait responsable jusqu'à l'expiration du bail. Or, quand le bail était emphytéotique, il était parfois stipulé que l'on constituerait des cautions de nouveau tous les cinq ans. C'était le cas à Héraclée[9].

Au quatrième siècle avant notre ère, la durée des baux des

1. D. II. R., n° XII, 1. 108, p. 202.

2. *B. C. H.*, XIV, p. 432, n. 3. (Comptes de 250 av. J.-C.)

3. ARIST., *Ath. Pol.*, 47 : Εἰσφέρει δὲ καὶ ὁ βασιλεὺς τὰς μισθώσεις τῶν τεμενῶν, ἀναγράψας ἐν γραμματείοις λελευκωμένοις. Ἔστι δὲ καὶ τούτων ἡ μὲν μίσθωσις εἰς ἔτη δέκα, καταβάλλεται δὲ ἐπὶ τῆς [θ'] πρυτανείας. La restitution θ' est confirmée par l'inscription athénienne citée plus haut à propos de la location de l'enceinte de Codros (*C. I. A.*, IV, I, 53 a, p. 66).

4. Deux termes e. g. *C. I. A.*, II, 1059, 13. — *Ibid.*, 1058, 13. 2e moitié du IVe s. av. J.-C. — Trois termes e. g. *C. I. A.*, II, 565. — Cf. D. H. R., p. 267.

5. *B. C. H.*, XVI, p. 277, 1. 5.

6. V. GILBERT, I, 398.

7. D. H. R., n° XII, 1. 108, p. 202.

8. *Ibid.*, n° XII, 1. 152, p. 208 : Αἱ δέ χ' ὑπὸ πολέμω ἐγFηληθίωντι, μὴ ἦμεν ὑπολόγως μήτε αὐτὼς μήτε τὼς πρωγγύως τῶν ἐν ταῖ συνθήκαι γεγραμμένων.

9. D. H. R., *ibid.*, 1. 104, p 202, *Cit. supra.*

enceintes sacrées, à Athènes, était fixée à dix ans[1], et le bail de l'enceinte de Codros, qui fait mention d'une location de vingt ans[2], est une exception qui s'explique très facilement. En premier lieu, cette inscription est du cinquième siècle, et en second lieu les conditions de ce bail sont assez lourdes ; le fermier est tenu de construire un mur autour de l'enceinte, et d'y planter au moins deux cents oliviers. Mais la règle est observée dans un bail du Théseion consenti par le dème du Pirée[3] en l'année 321-320 probablement. Remarquons que cette enceinte faisait partie du domaine d'un dème, et non pas du domaine de l'État.

Enfin, à Délos, on loue une maison appartenant à un temple, εἴς τε τὸν ἐπίλοιπον χρόνον τοῦ ἐνιαυτοῦ καὶ εἰς ἔτη πέντε[4]. Donc il faut croire qu'on avait revendu le bail par suite de la mauvaise foi du locataire, ou par suite de sa mort.

A Héraclée le fermier avait le droit de céder son bail ou de le léguer, ou de vendre le droit aux fruits, pourvu que les cessionnaires ou les acheteurs fournissent des cautions dans les mêmes conditions que le premier acquéreur[5].

On a supposé[6] que, si le fermier venait à mourir avant l'expiration du bail, il était permis aux cautions de se substituer à lui ; mais le texte sur lequel se base cette théorie n'est qu'un fragment[7], et l'on ne saurait en tirer aucun argument décisif. Même si l'on admet cette interprétation, les héritiers viennent avant les cautions. Exception faite des baux emphytéotiques et à perpétuité[8] dans lesquels la possession était transmise aux héritiers, il semble qu'il ait été nécessaire de faire un nouveau

1. ARIST., *Ath. Pol.*, 47, v. *supra*.
2. *C. I. A.*, IV, I, 53, a, l. 13, p. 66.
3. *C. I. A.*, II, 1059.
4. *B. C. H.*, IV, p. 185-6 (milieu du 2ᵉ s. av. J.-C.).
5. *D. H. R.*, nᵒ XII, l. 105 es, p. 202 : Καὶ εἴ τινί κα ἄλλωι παρδῶντι τὰν γᾶν, ἄν κα αὐτοὶ μεμισθωσώνται, ἢ ἐρτύσωντι, ἢ ἀποδώνται τὰν ἐπικαρπίαν, ἂν αὐτὰ τὰ παρέξόνται πρωγγύως οἱ παρλαβόντες, ἢ οἷς κ'ἀρτύσει, ἢ οἱ πριάμενοι τὰν ἐπικαρπίαν, ἂν ἃ καὶ ὁ ἐξ ἀρχᾶς μεμισθωμένος. Nous adoptons la traduction d'ἀρτύσωντι que donnent les auteurs du Recueil. Pour d'autres interprétations, v. D. H. R., p. 203, note *ad loc*.
6. HOMOLLE, *B. C. H.*, XIV, p. 432, n. 1.
7. *Ibid*. — ἐξέστω τοῖς κληρονόμοις ἢ τοῖς ἐγγυηταῖς.
8. On peut dire que le bail est en général emphytéotique ou à perpétuité quand il n'y a dans l'acte ou décret aucune mention faite de la durée. On a dû faire partout comme à Héraclée, et exiger, si le bail venait à passer en d'autres mains, que le nouvel acquéreur constituât des cautions pour garantir le montant du loyer original.

bail à la mort du fermier, tout comme s'il n'avait pas rempli les conditions du bail[1].

Le nombre des cautions est variable, et sans pouvoir donner aucune règle on peut affirmer que dans la plupart des baux athéniens une seule caution suffisait[2], tandis qu'à Délos il y en avait généralement deux et quelquefois plus, sans cependant que le nombre de cautions eût aucun rapport avec la valeur du loyer.

Ainsi dans les comptes de l'intendance sacrée pour l'année 250 avant J.-C.[3], sur quinze contrats, il y en á quatorze où mention est faite de deux cautions, et il y en a un seul dans lequel le loyer, dont le montant est de vingt et une drachmes, est garanti par une seule caution. Dans les comptes des autres années nous en trouvons souvent trois ou plus.

Les cautions des fermiers des terrains et bâtiments étaient d'ordinaire dans une position beaucoup moins précaire que les autres. Car parfois il était stipulé que si le fermier était en retard pour ses paiements on saisirait immédiatement les bestiaux et les fruits, et même dans le cas où cette stipulation n'était pas insérée dans le bail[4], il va sans dire que ce mode de recouvrement était toujours permis au loueur, et, le cas échéant, elle servait à protéger la caution contre toute mauvaise foi de la part de son cautionné.

Il y a un texte de Xénophon, à propos des fermages, qui mérite d'être cité. L'auteur propose, à titre d'essai financier, que l'État devienne propriétaire de navires marchands, qui seraient loués comme les áutres biens publics sous cautionnement[5]. Malheureusement nous ne savons pas si ce projet fut jamais mis ou non à l'essai ; l'expérience aurait été intéressante et aurait probablement réussi, l'État étant garanti contre les risques.

Nous ne possédons aucun texte où il soit question de cautionnement dans les baux consentis entre particuliers. Mais il faut croire qu'il en existait pour ce genre de contrat, aussi bien que

1. *B. C. H.*, XIV, p. 431, n. 4 (Comptes de 284) : Τελευτήσαντος Καλλισθένους τοῦ μεμισθωμένου τὴν γῆν τὴν Ἐπισθενείαν ἀνεμισθώσαμεν Πολυχρίτωι ⊞. ἔγγυοι —. v. D. H. R., p. 270 en ce sens.
2. *C. I. A.*, II, 1056 (époque de Lycurgue), 1058, 1059, 778 a. (2e moitié du IVe s. av. J.-C.), etc.
3. V. HOMOLLE, *B. C. H.*, XIV, p. 431, n. 1. (Comptes de 284 av. J.-C.)
4. V. *B. C. H.*, XIV, 433, n. 2, cit. *supra*.
5. XEN., *De Vect.*, III, 14.

pour l'autre. Seulement ces baux n'auraient pas été inscrits sur des pierres comme ceux que nous venons d'étudier. D'ailleurs le besoin d'avoir des cautions ne se faisait pas autant sentir pour les particuliers que pour l'État, puisque celui-ci devait nécessairement suivre toujours les mêmes errements, tandis que le particulier pouvait se fier parfois à l'honnêteté de son locataire.

Section 2. — Travaux publics.

Le cautionnement dans les entreprises de travaux publics[1] suit dans ses grandes lignes celui des fermages. Les quelques différences qui existent entre les deux genres de cautionnement proviennent de ce que dans les travaux publics ce sont les particuliers qui touchent l'argent de l'État, tandis que dans les fermages c'est l'État ou la corporation qui touche l'argent des particuliers.

Mention est faite dans une inscription trouvée à Lébadée de lois[2] sur la constitution de cautions et de règlements spéciaux (συγγραφαί)[3], sorte de cahier des charges. Lors de la constitution des cautions l'entrepreneur recevait d'ordinaire un premier versement ; à Délos c'était le plus souvent la moitié du prix convenu[4], et parfois la moitié moins un dixième du total, qu'on retenait jusqu'à l'exécution complète des travaux et qu'on versait alors soit à l'entrepreneur soit à ses cautions pour son compte[5].

Les cautions étaient responsables de l'exécution des travaux et du paiement des amendes qui pouvaient être infligées[6]. Il y a

1. Il n'a été conservé aucun contrat d'entreprise consenti entre particuliers, où il soit question du cautionnement.

2. *C. I. G. S.*, 3073, 1. 47 (à Lébadée). Ἐγγύους δὲ καταστήσας ὁ ἐργώνης κατὰ τὸν νόμον λήψεται τὴν πρώτην δόσιν. V. la traduction française de l'inscription dans Choisy,. *Études épigraphiques sur l'architecture grecque,* p. 175.

3. E. g. *C. I. A.*, IV., ii. 1054 g A (2ᵉ moitié du ivᵉ s. av. J.-C.) et les inscriptions de Délos, *passim.*

4. *C. I. A.*, *ibid.* Τοῦ δὲ ἀργυρίου λήψεται τὸ μὲν ἥμυσυ ἐπειδὰν τοὺς ἐγγυητὰς καταστήσηι. — Cf. *C. I. G.*, 2266, 1. 9 ss. *C. I. G. S.* 3073.

5. *B. C. H.*, XIV, 396. Ὑπὲρ Θεοφίλου τοῦ ἐργολαβήσαντος τὰς παραετίδας ἀργάσασθαι τῶι νεῶι τῆς Ἀρτέμιδος, τοῖς ἐγγυηταῖς αὐτοῦ συντελέσασι τὸ ἔργον, ἐκτὰ τὴν συγγραφὴν τὸ ἐπιδέκατον ἀπεδώκαμεν.

6. *C. I. A.*, IV, ii. 1054 g A, 1. 17, p. 237.

même des exemples de cautions qui ont pris part à la direction
des travaux. A Érétrie, dans une entreprise de dessèchement
d'un marais, elles garantissent non seulement le dessèchement,
mais aussi le versement d'une somme de trente talents par
à-comptes annuels de trois talents par l'entrepreneur. Celui-ci
devait avoir en retour le droit de cultiver les terrains ainsi
desséchés pendant une période de dix ans[1].

De plus, si un contrat venait à être résilié, la résiliation, nous
l'avons déjà vu, n'était pas valable tant que le nouvel entrepreneur n'avait pas constitué des cautions solvables, et, même
après cette formalité, les cautions primitives étaient responsables de la partie des travaux déjà exécutés, jusqu'à exécution
complète des travaux qui faisaient le sujet du contrat original[2].

De même dans une inscription de Délos[3], il paraît être question d'un concurrent de l'entrepreneur des travaux qui accuse
ce dernier de mal exécuter son contrat. Le texte est mutilé au
commencement, mais ce qui suit ne laisse aucun doute : ὁ δὲ
νικήσας τῆι δίκηι τοῦ [ψεύδους] ἐγγυητὰς καταστησάτ[ω τῆς ἀληθείας] πρὶν
ἄν τι τῶν ἔργων ἀνέληται· ἐπειδὰν δὲ καταστήσηι τῆς ἀληθείας ἐγγυητάς,
τελείσθω ὁ τοῦ ψεύδους ἐ[αλωκὼς τὸ ἐπιτίμιον]· ὅσωι δ'ἂν τόνδε εὕρειαν
ἀπολούμενον ἐξέστω τοῖς ἐπιστάταις εἰσπρᾶξαι τὸν ἐργώνην καὶ τὸν ἐν[γυη-
τήν ἐὰν πρ]ογινώσκωσι[ν ἀζημί]οις οὖσι καὶ ἀνυποδίκοις. Ἐπειδὰν δὲ τοὺς
ἐγγυητὰς καταστήσηι ὁ ἐργώνης [ἀφελόντες ἀπ]ὸ τοῦ ἀλφήματος παντὸς
τὸ ἐπιδέχατον τοῦ λοιποῦ ἀργυρίου ἀποδόντων τὸ ἥμισυ τῶι ἐργώνηι, ce
qui veut dire que l'entrepreneur qui avait perdu son procès
n'était pas obligé de payer les amendes encourues par suite de
sa mauvaise exécution du contrat, avant que le nouvel entrepreneur eût lui-même constitué des cautions. Ces cautions
s'appellent τῆς ἀληθείας ἐγγυηταί, garants de bonne foi, par opposi-
tion à la mauvaise foi, τοῦ ψεύδους, du premier entrepreneur.

Ce sont des résiliations de ce genre qui avaient lieu à Lébadée, par exemple, quand l'adjudicataire des stèles et des dalles
pour le temple ne remplaçait pas celles qui étaient déjà usées,
ou quand, ayant endommagé lui-même des dalles encore en bon
état, il ne faisait pas les réparations nécessaires. En pareil cas,

1. *D. H. R.*, IX, l. 33 ss., p. 148 (fin du ɪvᵉ s. av. J.-C.). Καταστῆσαι
δὲ καὶ Χαιρεφάνην ἐγγυητὰς ἐπαγγελλομένους, ἐπειδὰν ἐξαγάγει τὴν λίμνην, ἦ μὴν
ἔσεσθαι ξηρὰν τὴν λίμνην [- - -] καὶ βέβαιον παρέχειν τὴν αὐτοῦ κάρπωσιν
τριάκοντα ταλάντων.

2. *C. I. G. S.*, 3073, l. 24 ss., (à Lébadée).

3. *C. I. G.*, 2266, l. 9 ss. (HOMOLLE, *Archives*, app. II. Nᵒ VIII). 297
av. J.-C.

la résiliation était partielle, c'est-à-dire que le nouveau contrat ne concernait que les parties négligées ou endommagées ; l'entrepreneur et ses cautions étaient frappés d'une amende de moitié en sus calculée sur le prix du nouveau contrat[1].

Ainsi à côté des paiements dont nous avons parlé plus haut, faits par le trésor aux cautions pour le compte des entrepreneurs, nous trouvons plusieurs paiements inscrits comme ayant été faits au trésor du temple par des cautions à titre d'amendes[2].

Le fait de n'avoir pas achevé les travaux au jour fixé n'entraînait pas toujours la résiliation du contrat. Ainsi dans une inscription de Délos trouvée à Athènes, il est dit qu'on infligera une amende de dix drachmes par jour de retard jusqu'à l'achèvement des travaux, et que l'entrepreneur et ses cautions sont également responsables du paiement de cette amende[3].

Quand il s'agit d'une entreprise dans un temple, ce sont toujours les intendants des travaux sacrés, les ναοποιοί, qui infligent ces amendes.

Le nombre de cautions est aussi variable que dans les contrats de fermage et de locations, même quand il s'agit d'une même entreprise, mais partagée entre plusieurs entrepreneurs. Dans ce dernier cas, on peut expliquer la différence dans le nombre des cautions, soit par l'étendue de chaque section de l'entreprise, soit par l'importance du travail à effectuer. Nous possédons une inscription d'Épidaure[4] dans laquelle le nombre des cautions est généralement de une ou deux, une fois de trois, et peut-être une fois de quatre. Cependant, dans les quelques textes que nous possédons se rapportant à des entreprises en

---

1. *C. I. G. S.*, I, 3073, l. 38 ss. — Cf. *C. I. G. S.*, 3074, l. 15 ss. ἂν δὲ μὴ ἀποκαθιστῆι τὸν ἀντὶ τοῦ διαφθαρέντος λίθον, ἐάν τε μὴ ἀκῆται τὸ καταβλαφθέν, καὶ ταῦτα ἐπεγδώσουσιν οἱ ναοποιοί. Τὸ δὲ γενόμενον ἀνάλωμα εἰς ταῦτα ἀποτείσει αὐτὸ καὶ ἡμιόλιον ὁ ἐργώνης καὶ οἱ ἔγγυοι. (Lébadée).

2. A Délos. *B. C. H.*, XIV, 393. ἄλλας (δραχμάς), ἃς ἐξέτεισε 'Αρίγνωτος 'Αντιπάτρου ὑπὲρ τῆς ἐγγύης, ἧς ἠγγύητο Δίαιτον 'Απολλοδώρου τῆς τοῦ θεάτρου περιοικοδομίας τὸ καθ' ἑαυτὸν μέρος (Comptes de 279 av. J.-C.). — Cf. *C. I. G.*, 2953, b, l. 38 (fin du IV* s. av. J. C.).

3. *C. I. A.*, IV, II, 1054, g. A, l. 17 ss., p. 237 : Τοὺς δὲ ἐγγυητὰς καθιστάναι κατὰ Χ ἀξιόχρεως· ἐὰν δὲ μὴ ποιήσει ἐν τῶι χρόνωι δόκιμα κατὰ τὰς συγγραφάς, ἀποτινέτω Δ δραχμὰς τῆς ἡμέρας ἑκάστης, ἕως ἂν ποιήσει δόκιμα κατὰ τὴν συγγραφήν· εἰσπραττόντων δὲ αὐτὸν καὶ τοὺς ἐγγυητὰς οἱ ναοποιοὶ τοῦτο τὸ ἀργύριον. κ. τ. λ.

4. COLLITZ, *Sammlung*, 3325 (commencement du IV* s. av. J.-C.). — Cf. KAVVADIAS, *Fouilles d'Épidaure*, I, nᵒˢ 241, 242.

Attique même, il n'y a qu'une seule caution pour chaque partie de l'entreprise[1].

On trouve des cautions non seulement dans les entreprises de travaux sacrés, mais aussi, sans parler du dessèchement de marais dont il a été déjà question, dans des contrats pour la réparation des fortifications d'Athènes dans la dernière moitié du quatrième siècle[2].

A propos des travaux publics il faut citer une mention très intéressante de paiements faits à deux reprises par les naopes de Delphes à un nommé Chéris en remboursement des frais de sa mission[3]. Chéris avait été chargé d'aller citer en justice les cautions d'un certain Héréas, qui se trouvaient dans quelque autre ville, et qu'il fallait citer à comparaître devant le tribunal Delphien. Ce Chéris était sans doute une sorte de greffier du collège des naopes.

De même que pour les travaux publics proprement dits, on exigeait, dans les entreprises de fourniture de victimes pour les sacrifices et banquets, la constitution de cautions, pour garantir la bonne qualité de la marchandise. Aussi, dans l'inscription sur les mystères d'Andanie, il est stipulé que l'entrepreneur recevra l'argent après constitution de cautions, et qu'il montrera les victimes aux prêtres dix jours avant les mystères[4], et à Coressos aussi l'entrepreneur constitue une caution pour garantir que le banquet sera fourni selon les lois[5], en recevant un à-compte. Dans le premier cas si l'entrepreneur ne présente pas les victimes au jour fixé, pour être approuvées par les prêtres, ces derniers infligeront à ses cautions une amende de moitié en sus de la somme convenue, et achèteront eux-mêmes des victimes avec le produit de l'amende[6]. A Cores-

---

1. E. g. *C. I. A.*, I, 324 (408 av. J.-C.).

2. *C. I. A.* II, 167. 1. 112 (2ᵉ moitié du IVᵉ s. av. J. C.)

3. *B. C. H.* XX, p. 201, 1, 48, 56 (vers 338 av. J.-C.). Bourguet (*ad loc.*) dit que Chéris ne pouvait pas être un agent subalterne des naopes, mais nous ne voyons pas très bien pourquoi.

4. *S. I. G.*, 653, 1. 69. ss. Ὁ δὲ ἐγδεξάμενος κατεγγυεύσας ποτὶ τοὺς ἱεροὺς λαβέτω τὰ διάφορα, καὶ παριστάτω τὰ θύματα εὐιερά, καθαρά, ὁλόκλαρα καὶ ἐπιδειξάτω τοῖς ἱεροῖς πρὸ ἀμερῶν δέκα τῶν μυστηρίων.

5. *S. I. G.* 552, 1. 4 (= MICHEL 402, IIIᵉ s. av. J.-C.). Καὶ διδόναι τῶι ἐπαυρόντι εἰς ἱερεῖα Η ⊢ δραχμάς, τὸν δὲ ἐπαυρόντα ἔγγυον καταστῆσαι, ὃν ἂν δέχωνται οἱ πρόβουλοι, ἑστιάσειν κατὰ τὸν νόμον.

6. *S. I. G.* 653. Suite : Ἂν δὲ μὴ παριστᾶι ἐπὶ τὰν δοκιμασίαν, πρασσόντω οἱ ἱεροὶ τοὺς ἐγγύους αὐτὸ καὶ τὸ ἥμισυ, τὰ δὲ θύματα αὐτοὶ παρεχόντω, καὶ ἀπὸ τῶν πραχθέντων διαφόρων κομισάσθωσαν τὰν γενομέναν δαπάναν εἰς τὰ θύματα.

sos si les victimes sont approuvées, le trésorier payera à l'entrepreneur le lendemain du banquet le restant du prix convenu; si elles ne le sont pas, il lui en retiendra un cinquième[1].

Section 3. — Prêts.

Nous n'avons ici que très peu de règles spéciales à citer. De tous les contrats sujets au cautionnement, le prêt est en effet le plus simple et le plus usité. Les contrats de prêt cités dans les textes sont généralement d'une nature plus variée que tous les autres genres de contrats. C'est aussi l'un des plus hasardeux. Aussi il est tout naturel qu'on ait eu constamment recours au cautionnement, et que les temples, qui jouaient le rôle de banquiers, comme les temples de Délos et de Delphes, aient exigé non seulement des cautions, mais aussi, et en même temps, la garantie d'une hypothèque.

Nous étudions d'abord, suivant notre plan, les prêts consentis par des corporations.

Dans une inscription de Delphes, il s'agit d'une somme de vingt et un mille drachmes d'Alexandre, donnée par le roi Attale II Philadelphe (159-138 av. J.-C.) pour l'éducation des jeunes gens de Delphes, et pour les frais des honneurs et des sacrifices. On dédie cette somme au dieu, puis on la place en prêts, et les intérêts seuls sont consacrés à l'usage prescrit par le roi. Les emprunteurs doivent constituer des cautions, qui seront agréées par les magistrats chargés de l'affaire[2].

Il en est de même à Délos ; le prêt n'est qu'une des nombreuses transactions commerciales dont s'occupe le trésor du temple, et la constitution de cautions est une règle presque universelle[3].

Non seulement les temples mais aussi les autres corporations font valoir leurs fonds par ce moyen. Ainsi à Athènes un décret du dème des Plotheieis ordonne que des prêts annuels seront consentis aux personnes qui offriront le taux d'intérêt le plus

---

1. *S. I. G.* 522, l. 18. ”Αν δὲ δοκιμασθῆι ἡ ἑστίασις, ἀποδοῦναι τῆι ὑστεραίαι τὸ ἀργύριον τὸ λοιπὸν τὸν ταμίαν οὗ ἂν ἐγλάβηι. Ἐὰν δὲ μὴ, ἀπεῖναι αὐτῶι τῆς ἐγλαβῆς τὸ πέμπτομ μέρος.

2. *S. I. G.*, 306, l. 32. καθιστάντων δὲ καὶ ἐγγύους οἱ δανειζόμενοι, οὕς κα οἱ ἐπιμεληταὶ εὐδοκέωντι.

3. V. e. g. *B. C. H.* XIV pp. 452-3. *Ibid.* XV, pp. 291-2.

élevé, et qui pourront se faire agréer comme emprunteurs par les magistrats du dème chargés de l'émission du prêt, en constituant soit une hypothèque, soit des cautions[1]. Souvent, à Délos surtout, on renforce la garantie des cautions par celle d'une hypothèque[2]. Parfois la valeur de l'hypothèque doit être du double de la somme prêtée, et les cautions répondent de sa validité[3]. Dans les contrats de prêt consentis par le temple de Délos à la ville, celle-ci donne une hypothèque sur ses revenus par l'entremise de ses représentants, qu'on appelait οἱ προδανεισταί[4], et qui étaient d'habitude des magistrats ; nous les retrouvons dans l'affaire du prêt consenti par Nicaréta à la ville d'Orchomène[5]. Le mot se trouve ainsi défini dans un des lexiques de Séguier : — προδανειστής· ὁ ἀντὶ τοῦ δανειζομένου γραφόμενος τὴν ὁμολογίαν[6].

Il faut remarquer qu'à Délos, c'est à propos de prêts seulement que nous trouvons (et encore pas toujours) le terme ἀνάδοχος[7] ; dans les autres sortes de contrats c'est du mot ἔγγυοι, ou ἐγγυηταί qu'on se sert pour désigner les cautions.

Celles-ci étaient responsables non seulement du remboursement du capital, mais aussi du paiement des intérêts[8]. Nous trouvons aussi plusieurs fois des sommes inscrites comme ayant été versées, à titre d'intérêts, par une personne pour le compte d'une autre[9], ὁ δεῖνα ὑπὲρ τοῦ δεῖνος (sans le mot ἔγγυος), et on ne peut dire si ce sont là des cautions ou non. Il se peut

---

1. *C. I. A.*, II, 570, l. 18. ῍Οσον δὲ κατ' ἐνιαυτὸν δανείζεται δανείζοντας ὅστις ἂν πλεῖστον τόκον διδῶι, ὅς ἂν πείθηι τοὺς δανείζοντας ἄρχοντας τιμήματι ἢ ἐγγυητῆι. (Fin du Vᵉ s av. J.-C.)

2. E. g. *B. C. H.*, XIV, p. 453. Καὶ τάδε δάνεια ἐδανείσαμεν Εὐκλείδει Πυρρίδου καὶ τοῖς ἐγγύοις — ἐπὶ ὑποθήκει. — Cf. *B. C. H.*, VI, p. 26, l. 214. (Comptes de Démarès. 180 av. J. C.)

3. *S. I. G.*, 306, l. 34. οἱ δὲ αὐτοὶ ἔγγυοι καὶ βεβαιωτῆρες ἔστωσαν τῶν ἐνεχύρων.

4. *B. C. H.*, VI, p. 69. Ἐδανείσαμεν μηνὸς Ληναιῶνος κατὰ ψήφισμα τῆι πόλει καὶ προδανεισταῖς δραχμὰς XXX ἐπὶ ὑποθήκει ταῖς προσόδοις ταῖς δημοσίαις. (Comptes de Sosisthénès. 250 av. J.-C.)

5. *C. I. G. S.*, 3172, l. 166. Σούγγραφον δὲ γραψάσθη τῶ ἀργυρίω τὼς πολεμάρχως Ἐρχομενίων κὴ ἐγγούους, ὥς κα δοκιμάδδει Νικαρέτα, κὴ θέσθη μεσέγγυον πὰρ Ϝιφιάδαν Θεισπιεῖα. Cf. *ibid.*, l. 76.

6. BEKKER, *An. gr.*, I, p. 192 : Cf. *D. H. R.* 327. — WYSE, *Classical Review*, 1892, p. 254, *B. C. H.* VI, p. 69.

7. E. g. *B. C. H.*, XIV, pp. 452-3.

8. *B. C. H.*, XV, 291. Καὶ οἴδε τόκους ἀπέδοσαν τοῦ ἱεροῦ ἀργυρίου. Καλλίας Ἀντιπάτρου ὑπὲρ Μνησιμάχου τῆς ἐγγύης τὸ ἐπιβάλλον αὐτῶι ΔΔΔ.— Cf. *ibid.*, p. 292. Καὶ οἴδε τόκους ὀφείλουσι καὶ οἱ ἔγγυοι.

9. V. *B. C. H.*, XIV, p. 391.

bien que ces versements n'aient été faits par les personnes inscrites qu'à titre d'amis, et en effet parmi les noms nous remarquons beaucoup de noms de femmes. Or nous ne trouvons nulle part des femmes mentionnées comme ayant la qualité de caution, ni désignées par le mot ἔγγυος.

A Delphes le capital devait être remboursé au bout de cinq ans[1]; il en était de même sous la domination athénienne à Délos. Or dans les textes, qui datent de la période de l'indépendance de cette dernière ville, on ne trouve aucune allusion à la durée des contrats de prêt ; peut-être était-elle d'une année, peut-être était-elle illimitée[2]. A Athènes la durée du prêt était sans doute d'une année, comme dans le prêt du dème des Plotheieis[3], dont nous avons déjà parlé. En tout cas les intérêts étaient probablement payés une fois par an[4].

Si le capital n'avait pas été remboursé au terme fixé, on vendait, à Delphes et à Orchomène, les terrains hypothéqués, et, si le produit de la vente ne suffisait pas, on saisissait les biens du débiteur et de ses cautions, contre lesquelles tous les moyens de recouvrement étaient permis[5] ; tandis qu'à Athènes, le débiteur et ses cautions (s'il s'agissait d'un prêt consenti par la ville) subissaient le sort réservé par la loi aux débiteurs de l'État[6]. Si les intérêts n'avaient pas été payés, les cautions étaient responsables à Delphes du paiement de l'amende qu'on infligeait au débiteur principal, et qui était de moitié en sus de la somme impayée[7]. A côté de ces prêts commerciaux nous trouvons à Athènes un exemple très intéressant de prêt international garanti par des cautions, et qui mérite d'être traité à part.

Une inscription athénienne contenant les comptes des épimé-

1. *S. I. G.*, 306, l. 68 ss.
2. HOMOLLE, *B. C. H.*, XIV, p. 453.
3. *C. I. A.*, II, 570, l. 18.
4. A Delphes *S. I. G.* 306, l. 43 et 68.
5. *S. I. G.*, 306, l. 68 ss. Ἀποδιδόντω δὲ οἱ δανεισάμενοι τὸ ἀργύριον πᾶν τᾶι πόλει ἐν τῶι πέμπτωι ἐνιαυτῶι· εἰ δέ κα μή ἀποδίδωντι καθὼς γέγραπται, τὰ ἐνέχυρα αὐτῶν τᾶς πόλιος ἔστω, καὶ οἱ ἐπιμεληταὶ ἀεὶ οἱ ἐγδανείζοντες κύριοι ἔστωσαν πωλέοντες. Εἰ δὲ πωλείμενα τὰ ἐνέχυρα μὴ εὑρίσκοι τὸ ἀργύριον ποθ' ὃ ὑπέκειτο τᾶι πόλει, πράκτμοι ἔστωσαν τοῖς ἐπιμεληταῖς ἀεὶ τοῖς ἐνάρχοις τοῦ ἐλλείποντος ἀργυρίου αὐτός τε ὁ δανεισάμενος καὶ οἱ γενόμενοι ἔγγυοι τρόπωι ὧι θέλοιεν πράσσειν, καθὼς καὶ τἄλλα δαμόσια καὶ ποθίερα πράσσονται. — Cf. à Orchomène *C. I. G. S.*, 3172, l. 5 ss.
6. V. Ch. II, § 1 *supra*.
7. *S. I. G.*, 306 (citée *supra*) suite.

lètes des arsenaux maritimes nous donne une liste de cautions,
qui doivent au trésor public huit cent quarante-cinq drachmes,
la valeur de certains agrès[1]. Dans cette liste on trouve des
noms très connus dans la politique athénienne, tels que ceux
de Démosthène, de Démade et d'autres.

Or dans une autre inscription se rapportant à la marine, nous
retrouvons cette même liste, mais considérablement diminuée,
et précédée des mots παρὰ τῶν ἐγγυητῶν τῶν τριήρων ὧν οἱ Χαλκιδῆς
ἔλαβον, ἀπελάβομεν κατὰ ψήφισμα δήμου ὃ Δημάδης Παιανιεὺς εἶπε,
et au lieu des vingt-trois noms de la première liste, nous n'en
trouvons plus que quinze, dont six paient deux cent quatre-
vingt-cinq (285) drachmes chacun, et les autres deux cent cin-
quante-six (256) chacun, ce qui fait quatre mille quatorze (4014)
drachmes en tout[2]. Il s'agit sans doute de navires prêtés aux
Chalcidiens par Athènes en l'année 340/339, au moment où les
Athéniens sous Phocion ont aidé les Érétriens à chasser Clitar-
que. Des citoyens d'Athènes auraient garanti, comme cautions,
la remise de ces navires en bon état. Cette condition n'ayant
pas été remplie, les cautions n'auraient tenu qu'en partie leur
engagement, et seraient restées débitrices de l'État pour les 845
drachmes. Mais la plupart ne se sont pas hâtées de payer,
puisque la première inscription est de l'année 334/3 et la seconde de 325/4. Il y a donc eu un intervalle de neuf ans avant
que les dernières aient été forcées par un décret du peuple d'acquitter leur dette. Cela explique très bien pourquoi, lorsque
huit de ces cautions se furent libérées, les quinze autres durent
payer une somme cinq fois plus grande que la dette primitive
par suite des amendes infligées à cause du délai et de l'accumu-
lation des intérêts pendant tout ce temps. Dans plusieurs cas
ce sont les héritiers de la caution, et non la caution elle-même,
qui ont été obligés de payer.

Nous trouvons aussi une autre sorte de prêt dont la pratique
était très répandue à Athènes, c'est l'ἔρανος.

M. Reinach a très bien fait remarquer la différence qu'il y

----

1. *C. I. A.*, II, 804. B. a ᾽Εγγυηται τ[ούτω]ν — 23 noms — οὗτοι προσοφ-
ειλουσι τῶν σκευῶν τῆς τιμῆς ⌐ΗΗΗΔΔΔΔΓ. (334/3 av. J.-C.)

2. *C. I. A.*, II, 809 c, l. 42 (325/4 av. J.-C.). Cf. Boeckh, *Urkunden über
das Seewesen*, p. 481. Nous avons admis la correction de ΗΗΓΓⱵ pour
ΗΗΓⱵ qui ne paraît qu'une fois. Un seul paiement de 206 drachmes n'est
pas aussi probable qu'une erreur (d'ailleurs si facile) commise par le
graveur de l'inscription.

avait entre l'ἔρανος, sorte de société amicale dont le but était
social ou religieux, et l'ἔρανος, société de prêt gratuit fondée au
profit de telle ou telle personne. Dans la première, les membres
versaient une simple cotisation, dans la seconde chacun d'eux
faisait l'avance de sa quote-part de la somme à prêter au béné-
ficiaire, et bien que le prêt fût généralement gratuit, on pouvait
à la rigueur exiger des intérêts. La première était une société
permanente, tandis que la seconde était constituée pour un
objet bien déterminé et passager, tel que le paiement d'une dot,
ou d'une rançon, ou encore l'avance des capitaux nécessaires
au commerce de l'emprunteur. Ce deuxième genre n'était pas
limité aux seuls membres d'une société permanente, comme
quelques auteurs l'ont cru, confondant ainsi les deux sortes
d'érane[1]. Il y avait d'habitude plusieurs prêteurs ou sociétaires,
et le prêt pouvait être fait à une ou à plusieurs personnes (οἱ
ἐρανιζόμενοι). Dans ces derniers cas les capitaux empruntés
étaient destinés le plus souvent à être utilisés dans les affaires.

Pour le remboursement de la somme prêtée on exigeait très
souvent des cautions de l'emprunteur. Il en est question dans
plusieurs actes d'affranchissement, trouvés à Delphes. Ainsi
l'affranchisseur stipule que l'esclave paiera, le cas échéant, la
somme garantie par l'affranchisseur, en tant que caution aux
membres de l'érane : Κατενεγκάτω δὲ 'Αφροδισία τὸν ἔρανον τὸν
Βρομίου, οὗ ἐγγυεύει Ἰατάδας, μὴ ἀκαταβαλέουσα μηδὲ καταβλάπτουσα
Ἰατάδαν[2]. C'est à dire qu'Iatadas s'étant porté caution d'un prêt
fait à Bromios, s'est déchargé de cette obligation sur l'esclave.
Il est probable qu'il s'agit aussi d'une caution dans cette autre
inscription, où nous voyons l'esclave tenu de payer pour le
compte de l'affranchisseur la moitié d'un érane réuni par deux
personnes[3].

Enfin nous avons une borne hypothécaire d'Amorgos avec
l'inscription suivante dont l'interprétation est controversée :

Ὅρος χωρίων... ρει καὶ οἰκίας καὶ κ[ήπων] τῶν Ξενοκλέους τῶν κειμένων
ἐν Φυλινχείαι καὶ τῶν ἐπικυρβίων ἐνεχύρων ὑποκειμένων, συνεπιχωρούσης
τῆς γυναικὸς Ἐρατοκράτης καὶ τοῦ κυρίου Βρουκίωνος, τῶι ἐράνωι καὶ

---

1. REINACH s. v. Ἔρανος in DAREMBERG et SAGLIO. Pour la discussion
générale de l'ἔρανος, v. REINACH, *loc. cit.*, BEAUCHET, IV, 258 ss.

2. WESCHER et FOUCART. N° 139.

3. *Ibid.* N° 126. Reinach (*loc. cit.*) croit qu'il s'agit aussi d'une caution
dans les N°⁵ 89, 106, 144 de la même série, mais il est impossible d'en
être sûr.

'Αρισταγόραι τῶι ἀρχεράνωι καὶ τῆι γυναικὶ αὐτοῦ Ἔχεν [—] πρὸς τὴν
ἐγγύαν, ἣν ἐγράψατο Ξενοκλῆν τοῦ ἐράνου, ὃν συνέλεξεν 'Αρισταγόρας,
κατὰ τὸν νόμον τῶν ἐρανιστῶν[1]. Ici, à notre avis, nous avons un
exemple où se trouvent réunies les deux sortes d'érane. Le chef
d'une société permanente d'ἐρανισταί avait recueilli, parmi les
membres de la société, des cotisations au profit et pour le
compte de l'un d'eux, et, afin d'assurer le remboursement de
cette somme, il avait inscrit Xénoclès comme caution du béné-
ficiaire. De plus Xénoclès avait donné comme garantie une
hypothèque comme l'exigeait la loi d'association des éranistes.
Les auteurs du « Recueil des inscriptions juridiques grecques »
donnent de ce texte une interprétation quelque peu différente
de la nôtre. Selon eux, Xénoclès se serait concerté avec d'autres
personnes, dont Aristagoras et sa femme, pour constituer une
société en commandite. Xénoclès n'aurait donc été qu'un des
éranistes, un simple bailleur de fonds, et l'on peut supposer
qu'en vertu d'une des clauses du contrat il aurait été obligé de
cautionner les éranistes en retard dans le versement de leurs
fonds[2].

Le titre d'un plaidoyer de Lysias περὶ ἐγγύης ἐράνου, que cite
Harpocration[3], montre assez qu'en pareil cas on pouvait poursuivre la caution en justice, à moins qu'il ne s'agisse d'un
procès intenté par la caution contre le cautionné, dont elle
aurait été obligée de payer la dette.

Il ne nous est parvenu qu'un seul plaidoyer prononcé contre
une caution dans une affaire de prêt ; c'est le plaidoyer de
Démosthène contre l'exception de Lacritos. Le demandeur avait
prêté de l'argent à la grosse à un frère cadet de Lacritos. Le
frère mort, le créancier poursuivit Lacritos en recouvrement,
avançant à l'appui de sa poursuite que ce dernier s'était porté
caution pour son frère. Ce qui est remarquable, c'est que le
demandeur ne se sert jamais du mot ἐγγυᾶσθαι ou ἐγγυητής en
parlant de la partie adverse, mais toujours du mot ἀναδέχεσθαι[4],
tandis que les orateurs attiques emploient d'ordinaire le mot
ἐγγυᾶσθαι ou ἐγγυητὴς γενέσθαι pour exprimer le rapport entre la

---

1. *D. H. R.*, p. 116. Nᵒ 64.
2. *D. H. R.*, p. 116, v. la traduction et le commentaire (pp. 117 et 126).
(ivᵉ s. av. J.-C. ?)
3. S. v. 'Ερανίζοντες.
4. Dᴇᴍ., *c. Lacrit.*, 8, p. 925. *Ibid*, 15, p. 928 : Κελεύοντος τούτου καὶ ανα-
δεχομένου ἅπαντ' ἔσεσθαί μοι τὰ δίκαια κατὰ τὴν συγγραφήν.

caution et le cautionné. Il se peut très bien que la garantie donnée par Lacritos n'ait pas été formelle.

Bien que ce plaidoyer soit le seul que nous ayons à propos du cautionnement d'un prêt, nous trouvons cependant dans d'autres discours plusieurs allusions à ce genre de contrat entre particuliers. Ainsi le demandeur dans le procès contre Apatourios s'était porté caution pour ce dernier envers une banque[1]. D'autre part le banquier Pasion avait garanti le paiement d'une lettre de crédit, et voici comment : un nommé Stratoclès devant faire un voyage au Pont, le demandeur l'avait engagé à lui laisser son argent, lui donnant en échange une lettre de crédit sur son père, et lui présentant Pasion comme garant de sa bonne foi[2].

Lysias nous dit que quand les ambassadeurs de Chypre vinrent demander l'aide des Athéniens, Aristophane non seulement leur avança de l'argent, mais aussi engagea ses amis à le faire, en s'offrant lui-même comme caution[3].

Xénophon nous donne à ce sujet un détail très intéressant. Pendant la guerre de 367 avant J.-C. entre les Phliasiens et les partisans de Thèbes, les premiers, dit-il, durent suppléer à leurs besoins, tantôt en pillant le pays ennemi, tantôt en achetant des vivres à Corinthe. Dans cette dernière ville ils ne trouvèrent qu'à grand'peine des cautions pour garantir le renvoi aux propriétaires des bêtes de somme, que les Phliasiens allaient emmener pour transporter les vivres[4].

Enfin Théophraste dit de son ἄπιστος que s'il envoie sa tunique au foulon, il ne choisit pas le meilleur ouvrier, mais celui qui peut fournir une caution solvable. De même si l'on vient lui emprunter des coupes, il refuse, ou si c'est quelqu'un à qui il n'ose pas refuser, il s'en faut de peu qu'il n'exige un cautionnement[5].

---

1. Dém., c. *Apat.*, 7, p. 894.
2. Isocr., *Trap.*, 37, p. 366.
3. Lysias, XIX, 21 sqq.
4. Xen., *Hell.* VII, ii, 17.
5. Theophr., *Char.*, XVIII, §§ 6, 7. Καὶ τὸ ἱμάτιον δὲ ἐκδοῦναι πλῦναι δεινός, οὐχ ὃς βέλτιστα ἐργάσεται, ἀλλ' ὅταν ᾖ ἄξιος ἐγγυητὴς τοῦ κναφέως· καὶ ὅταν ἥκῃ τις αἰτησόμενος ἐκπώματα, μάλιστα μὲν μὴ δοῦναι, ἂν δ'ἄρα τις οἰκεῖος ᾖ καὶ ἀναγκαῖος, μόνον οὐ πυρώσας καὶ στήσας καὶ σχεδὸν ἐγγυητὴν λαβὼν χρῆσαι.

Section 4. — Banque.

Nous ne connaissons que deux exemples de ce genre de cautionnement, dont le premier se trouve dans le plaidoyer de Démosthène contre Apatourios. Le demandeur s'était porté caution envers un banquier nommé Héraclide du remboursement d'un prêt de trente mines, consenti par celui-ci à Apatourios. Or Héraclide ayant fait faillite, le demandeur a transmis aux cautions de la banque le gage que le débiteur lui avait donné[1]. Donc les cautions s'occupaient d'arranger les affaires de la banque. Elles avaient l'obligation de payer les dettes du banquier, et le droit, afin de pouvoir les acquitter, de réclamer le paiement des sommes qui lui étaient dues, ce qui semble prouver qu'elles ont dû cautionner tous les contrats de la banque. Nous croyons que ces cautions étaient en même temps des sociétaires, ayant un intérêt immédiat dans toutes les opérations, car sans cela, d'où ce droit de faire rentrer l'argent de la banque leur serait-il venu ? De plus Platner[2] a supposé que les cautions faisaient connaître publiquement leur part de responsabilité dans les affaires de la banque, mais nous n'en savons absolument rien.

Le cas dont parle Hypéride dans son plaidoyer contre Athénogène[3] est un peu plus compliqué. Le demandeur en achetant un esclave qui cumulait les fonctions de gérant d'une parfumerie et de banquier, a pris à son compte les dettes contractées par celui-ci, dettes dont le maître de l'esclave était seul responsable, l'esclave n'étant qu'un agent, qu'un outil vivant, comme dit Aristote. Or, quoique l'acheteur de l'esclave ne soit pas un ἐγγυητὴς τῆς τραπέζης, on peut attribuer ce rôle à Nicon, qui est inscrit dans le contrat à côté de l'acheteur, apparemment pour garantir le paiement du prix, mais en réalité, comme le dit le demandeur, afin de garantir la solvabilité de celui-ci, dans le cas où les créanciers de la banque réclameraient le remboursement de leurs fonds[4].

---

1. Dém., c. *Apat.*, 10, p. 895. Διηγησάμην τοῖς ἐγγυηταῖς τῆς τραπέζης τὴν πρᾶξιν καὶ παρέδωκα τὸ ἐνέχυρον.

2. *Process*, II, p. 366.

3. Hyp., c. *Athenog.*, §§ 6-8.

4. *Ibid.*, § 20. Ἐκ τοῦ αἰτεῖν σε τὸν Νίκωνα ὑπὲρ ἐμοῦ ἐγγυητήν, εἰδότα οὐκ ἂν με πρὸς τὰ χρέα ὄντα ἱκανὸν μόνον ἄνευ ἐκείνου.

En effet, il paraît que Nicon était inscrit plutôt comme associé de l'acheteur que comme simple caution, puisque, par le fait même d'avoir été inscrit dans le contrat à côté de l'acheteur[1], il devint responsable des dettes de la banque.

Section 5. — La Vente.

Dans le contrat de vente la loi impose au vendeur deux obligations, celle de livrer la chose vendue et celle d'en garantir la possession : à l'acheteur elle impose l'obligation de payer le prix convenu.

L'acquittement de ces obligations est assuré du côté du vendeur par la βεϐαίωσις ou garantie d'une tierce personne[2]; du côté de l'acheteur par l'ἐγγύησις ou cautionnement.

Nous suivrons l'ordre logique, nous étudierons d'abord la garantie que doit fournir le vendeur, puis le cautionnement que doit donner l'acheteur.

A La βεϐαίωσις. — Son caractère juridique.

Le droit grec établit-il une distinction entre l'obligation de livrer et la garantie[3]. On l'a affirmé. On a dit qu'à l'origine le vendeur n'était responsable que de la livraison, et que c'était un tiers qui garantissait la chose. C'était à ce dernier seul que l'acheteur pouvait s'en prendre, si ses droits de possession venaient à être contestés. Une fois le prix convenu et la chose livrée, l'acheteur n'avait plus aucune relation avec le vendeur[4].

Cette thèse se base surtout sur le fait que, dans le registre de ventes de Ténos, le vendeur ne figure au nombre des garants que dans un seul acte (n° 36), où il est dit que les vendeurs « s'obligent tous ensemble et chacun pour le tout »; constata-

---

1. *Ibid.* § 8. Σημαίνεται τὰς συνθήκας — προσεγγράψας μετ' ἐμοῦ Νίκωνα τὸν Κηφισιέα.

2. Nous ne nous proposons pas d'étudier la garantie du vendeur lui-même, puisqu'elle n'a aucune ressemblance avec le cautionnement.

3. Afin d'éviter des répétitions nous emploierons dans la suite le mot *garantir* (et *garantie*) dans le sens de garantir la possession de la chose vendue.

4. D. H. R., pp. 99-100.

tion qui, même dans le cas qui nous occupe [1], est complètement distincte de la liste des πρατῆρες proprement dits, où on ne trouve pas les noms des vendeurs.

Cet argument ne prouve pas qu'un pareil système ait jamais existé. Tout d'abord l'intervention de garants autres que le vendeur aurait été d'après cette théorie absolument nécessaire pour que l'acquéreur fût assuré dans ses droits de propriété. Or, dans le registre de Ténos, on trouve des actes de vente où il n'est aucunement question de tiers garants, et où leur absence ne peut s'expliquer, de l'aveu même des partisans de cette théorie, que par la modicité du prix ou par le caractère tout particulier de la vente. On trouve d'autres actes où la vente n'étant ni une rétrocession, ni une vente à bas prix [2], l'absence du tiers garant ne s'explique plus. Dans de pareilles conditions, toute vente aurait été presque impossible, l'acheteur n'ayant aucune garantie pour l'avenir.

D'ailleurs, comme l'a très bien remarqué Beauchet [3], ce silence sur l'obligation du vendeur peut s'expliquer par la supposition que la vente impliquait nécessairement une garantie donnée par le vendeur. Le registre de ventes aurait été tenu plutôt au profit des tierces personnes, qu'au profit des parties elles-mêmes. Donc, quoi qu'il en ait été à Ténos et aux temps primitifs, il est certain qu'à l'époque classique, dans les autres parties de la Grèce, l'obligation de garantir pesait sur le vendeur aussi bien que sur les tiers garants.

A l'époque classique enfin, l'usage de la garantie donnée par une personne dans les ventes entre particuliers était, à notre avis, tombé complètement en désuétude à Athènes. Dans les plaidoyers des orateurs attiques, où il est question de βεβαίωσις ou de l'ἀναγωγή εἰς τὸν πρατῆρα [4], il s'agit toujours de la βεβαίωσις du vendeur lui-même. Comme l'a déjà démontré Szanto [5], dans l'affaire de Panténète, les πρατῆρες sont eux-mêmes les vendeurs [6]. De même dans le plaidoyer d'Hypéride contre Athénogène, Nicon n'est pas un garant comme on l'a cru, mais il est inscrit comme caution de l'acheteur dans le contrat que celui-ci

---

1. D. H. R., n° VII, p. 63 ss. (IIIe s. av. J.-C.).
2. D. H. R., pp. 97-98.
3. BEAUCHET, IV, pp. 145 ss.
4. E. g. ISAEUS, V, 22.
5. *Hypothek und Scheinkauf im griechischen Rechte*, dans les *Wiener Studien*, 1887, p. 279 ss.
6. DÉM., c. *Pant.*, §§ 5, 12, 13, 16.

veut résilier, devenant ainsi un véritable associé, afin de parer aux réclamations qui pourraient être adressées au nouveau propriétaire de la banque[1].

Les lexiques ne font mention que de la garantie du vendeur lui-même, sauf un des lexiques de Séguier, où il est dit : Συμπρατήρ· ὁ τὰ πωλούμενα ὑφ' ἑτέρου βεβαιῶν[2]. Cette définition ne prouve pas l'existence de συμπρατῆρες à Athènes, pas plus que le passage de Platon que voici : Ἐγγυητὴς μὲν δὴ καὶ ὁ προπωλῶν ὁτιοῦν τοῦ μὴ ἐνδίκως πωλοῦντος ἢ καὶ μηδαμῶς ἀξιόχρεω· ὑπόδικος δ' ἔστω καὶ ὁ προπωλῶν καθάπερ ὁ ἀποδόμενος, car l'auteur a peut-être tiré ce règlement des institutions crétoises ou de celles des autres États où il était en vigueur[3].

M. Caillemer, qui a soutenu qu'à Athènes l'acheteur pouvait exiger la livraison de la chose en intentant une δίκη βεβαιώσεως contre son vendeur, semble s'être laissé tromper par un texte d'Harpocration, mais ce texte n'est qu'une copie maladroite d'une définition, qui se trouve dans un des lexiques de Séguier[4].

On a soutenu que la βεβαίωσις, comme l'ἐγγύη proprement dite, était essentielle au contrat principal. Mais cette hypothèse est insoutenable, s'il est vrai, comme nous avons essayé de le démontrer, que la responsabilité du vendeur ne se bornait pas à l'obligation de délivrer la chose. Si le vendeur prenait sur lui et l'obligation de délivrer et celle de garantir la chose, l'acheteur n'avait pas besoin, au point de vue juridique, d'un tiers garant pour que la transmission de la propriété fût bonne et valable. Si des tiers garants figuraient dans le contrat de vente, ce n'était donc que pour appuyer la garantie du vendeur même, et cet usage, nous l'avons vu, était déjà démodé à Athènes, tandis qu'ailleurs, à Delphes et à Ténos surtout, il était de règle[5].

Il est vrai que sur les quatre cents exemplaires d'actes d'affranchissement[6], dont parle M. Foucart[7], il n'en est pas un seul où

---

1. Hyp., c. Athenog., §§ 8, 20.
2. Bekker, An. gr., I, p. 193.
3. Plato, Leges, 954 A. V. Beauchet, IV. 142-5.
4. Harp., s. v. Βεβαιώσεως : δίκης ὄνομά ἐστιν, ἣν δικάζονται οἱ ὠνησάμενοί τι τῷ ἀποδομένῳ, ἄν ἕτερος μὲν ἀμφισβητῇ τοῦ πραθέντος, ὁ δὲ μὴ βεβαιοῖ· ἐνίοτε καὶ ἀρραβῶνος μόνου δοθέντος εἶτα ἀμφισβητήσαντος τοῦ πεπρακότος, ἐλάγχανε τὴν τῆς βεβαιώσεως δίκην ὁ τὸν ἀρραβῶνα δοὺς τῷ λαβόντι. — Cf. Bekker, An. Gr., I, p. 219. Caillemer, in Daremberg et Saglio, s. v. Βεβαιώσεως.
5. Pour la proportion des garants à Ténos, v. ch. II, § 5. A. b., et à Delphes, v. ce qui suit.
6. Pour l'affranchissement comme vente, v. ch. II, § 5, A. b.
7. Mémoire sur les actes d'affranchissement de Delphes.

l'on ne fasse mention du garant, et que dans ce genre de vente la garantie du tiers était de règle. Or cela ne résulte pas, croyons-nous, de la nature même du contrat de vente, mais de lois spéciales. C'est ainsi que nous trouvons souvent la phrase βεβαιωτῆρες κατὰ τὸν νόμον ou κατὰ τοὺς νόμους. Cette constitution de garants était rendue nécessaire par le caractère spécial de la vente en question, et sans cette condition la situation de l'affranchi aurait été des plus hasardeuses.

1. *Les garants publics.*

L'État et les autres corporations analogues étaient tenus de fournir des garants tout comme les simples particuliers. Nous étudierons donc tout d'abord, suivant le plan que nous nous sommes tracé, les garants fournis par l'État ou par les corporations, en faisant remarquer qu'à Athènes la perception des impôts était vendue, et non affermée par l'État[1].

Aristote nous dit : Οἱ πωληταί — μισθοῦσι τὰ μισθώματα πάντα, καὶ τὰ μέταλλα πωλοῦσι, καὶ τὰ τέλη μετὰ τοῦ ταμίου τῶν στρατιωτικῶν καὶ τῶν ἐπὶ τὸ θεωρικὸν ᾑρημένων ἐναντίον τῆς βουλῆς καὶ καταχυροῦσιν ὅτῳ ἂν ἡ βουλὴ χειροτονήσῃ, καὶ τὰ πραθέντα μέταλλα τά τ' ἐργάσιμα τὰ εἰς τρία ἔτη πεπραμένα καὶ τὰ συγκεχωρημένα τὰ εἰς <?> πεπραμένα, et plus bas, καὶ τὰς οὐσίας τῶν ἐξ Ἀρείου πάγου φευγόντων καὶ τῶν ἄλλοθεν ἐναντίον τῆς βουλῆς πωλοῦσιν, καταχυροῦσι δ'οἱ θ' ἄρχοντες[2].

Au sujet de ces mêmes polètes nous lisons ce qui suit dans Pollux : Πωληταὶ τὰ τέλη πιπράσκουσι μετὰ τῶν ἐπὶ τὸ θεωρικὸν ᾑρημένων, καὶ τὰς τῶν ἐξ Ἀρείου πάγου μετὰ τὸν πρότερον λόγον φευγόντων οὐσίας καὶ τὰ δεδημευμένα. Πρυτανεύει δὲ ἐξ αὐτῶν εἷς, ὃς τὰ πωλούμενα βεβαιοῖ[3].

Ainsi Aristote nous apprend que le collège des polètes garan-

---

1. V. *infra* Ch. II, § 5, B.

2. ARIST., *Ath. Pol.* 47.

3. POLLUX, VIII, 99. — M. Foucart a démontré que dans le passage d'Aristote, malgré ce que dit Pollux, il faut faire dépendre τὰ τέλη de καταχυροῦσιν et non pas de πωλοῦσι. Mais même si l'on le fait dépendre de πωλοῦσιν, il faut seulement insérer καὶ avant καταχυροῦσι, ce qui se justifie très facilement (FOUCART, *Revue de Philologie*, 1894, p. 248 sqq.); en tout cas, Aristote n'est pas en contradiction avec Pollux

Il est à remarquer que selon Pollux c'était le président du collège qui garantissait la chose, tandis que selon Aristote, c'est le collège entier (οἱ πωληταί), mais ce n'est probablement qu'un manque de précision de la part d'Aristote.

tissait à Athènes les impôts et les mines, auxquels Pollux vient
ajouter les biens confisqués en général.

Un auteur [1] a dit qu'il ne voyait pas quel pouvait être l'objet
de cette garantie à Athènes, puisque de l'avis de tous, toute
revendication ultérieure, au sujet des biens vendus par l'État,
était formellement interdite. Il semble, au contraire, que la
garantie n'ait eu d'autre but que de rendre efficace cette inter-
diction, en mettant l'acheteur à même de prouver, s'il le fallait,
que le bien lui avait été vendu par l'État.

Dans une inscription d'Halicarnasse, au sujet de la vente des
biens confisqués au profit du temple d'Apollon, d'Athéné et de
Parthénos, il est stipulé que les dieux garantiront ces biens à
tout jamais, et que les naopes, qui seront en charge, appuieront
cette garantie [2]. Nous voyons aussi qu'en Carie, sous le règne de
Mausole, les attentats contre la personne du prince, ou contre
son gouvernement, étaient assez fréquents, à en juger d'après
le nombre des confiscations relevées dans les inscriptions. Nous
trouvons en tête d'une énumération de biens confisqués à
Iasos, à la suite de la condamnation de leurs propriétaires pour
attentat, une liste des magistrats qui ont fait vendre les lots, et
nous trouvons la phrase μνήμονες — (tel ou tel) συνεπώλησαν
après la mention du lot, de l'acheteur, et du prix. Ces μνήμονες
étaient donc des magistrats qui, comme les polètes à Athènes,
garantissaient les droits de l'acquéreur. Il y avait d'ordinaire
deux de ces magistrats, sauf quand il s'agissait d'un groupe de
lots ayant appartenu à une même personne, et alors une même
série de magistrats garantissait tout le groupe. Ainsi les biens
d'un nommé Pyron furent vendus en quatre lots, et un groupe
de trois de ces lots fut garanti par cinq μνήμονες, solidaires,
semble-t-il, les uns des autres [3].

Parfois aussi la garantie est conçue en termes très généraux,
sans préciser quels sont les garants. Dans une série de trois
décrets [4] rendus à la suite de trois crimes de lèse-majesté, commis contre ce même Mausole, il est dit : καὶ τὰ κτήματα ἐπώλησεν

1. BEAUCHET, IV, 132.
2. S. I. G., 11, l. 5 (= MICHEL, 835. Milieu du Ve s. av. J.-C.). Βεβαιοῦν
τοὺς θεοὺς τὸν ἀΐδιον χρόνον, συμβεβαιοῦν δὲ τοὺς νεωποίας τῶν θεῶν τοὺς ἀεὶ
ὄντας.
3. B. C. H., V, p. 497 ss.
4. S. I. G., 95. (= MICHEL, 471.) Tous les trois décrets sont de la première moitié du IVe s. av. J.-C.

ἡ πόλις δημοσίηι, ἐπαρὰς ποιησαμένη τούτων τὰς ὠνὰς τοῖς πριαμένοις
κυρίας εἶναι, et l'on s'étend sur ce sujet plus haut, ἐπαρὰς ἐποιήσαντο,
περὶ τούτων μήτε προτιθέναι μήτε ἐπιψηφίζειν μηδένα, c'est-à-dire que
la ville appelait la colère des dieux sur tous ceux qui, par voie
de proposition ou de vote, mettraient en question devant le
peuple les droits de l'acquéreur. De même la ville de Chios se
substitue aux acquéreurs des terrains de la Dophitis, dans le
cas où ceux-ci seraient poursuivis en recouvrement par des
tiers[1], et la ville de Kalchadon, sur le Bosphore, décrète que
quiconque essaiera d'enlever une prêtrise à son acheteur sera
passible d'une amende de mille drachmes[2].

Il faut admettre cependant que, sauf dans les ventes publiques
à Athènes, où les magistrats qui garantissaient les biens vendus
n'étaient pas toujours les mêmes que ceux qui les vendaient,
cette garantie publique ressemble plus à celle du vendeur lui-
même qu'à celle d'un tiers garant. Au fond, même à Athènes,
c'est l'État qui est à la fois garant et vendeur.

2. *Les garants particuliers.*

Dans la vente entre particuliers, la βεβαίωσις joue également
un rôle fort important, sur lequel le registre de ventes de Ténos
et la série des actes d'affranchissement nous fournissent de très
précieux renseignements. A ces documents nous pourrons ajouter quelques textes isolés.

Dans l'inscription de Ténos[3], qui est, nous l'avons dit, un
registre de ventes d'immeubles, il est question dans l'acte de
vente de ces garants qu'on appelle d'ordinaire πρατῆρες. La phrase
πρατῆρες καὶ βεβαιωταί s'y trouve aussi.

Le nombre des garants varie d'un à dix, mais il ne dépend
nullement de la valeur du bien vendu. Sur quarante-sept actes,
il n'y en a que dix-sept où il ne soit pas question de garants. Et
sur ces dix-sept, il y en a sept où ces derniers sont remplacés
par des tiers qui donnent leur approbation et huit où leur
absence peut s'expliquer, soit par la modicité du prix, soit par
la nature de la vente, laquelle n'est alors qu'une rétrocession

1. ROEHL, *Inscr. gr. antiq.* 381 c. (= MICHEL, 1383, v⁰ s. av. J.-C.)
2. COLLITZ, *Sammlung,* 3052, l. 12. (Comm. du iv⁰ s. av. J.-C.) Ὅς
δέ κα εἴπηι ἢ προαισιμνάσηι ἢ ἐν βουλᾶι, ἢ ἐν δάμωι ἢ ἄλλει καὶ χ' ὁπειοῦν, ὡς
δεῖ ἀφελέσθαι τὸν πριάμενον τὰν ἱερωτείαν, χιλίας δραχμὰς ἀποτεισάτω ἱερὰς τοῦ
Ἀσκλαπιοῦ.
3. D. H. R., N VII (iii⁰ s. av. J.-C.).

pure et simple, ou une rétrocession en vertu d'un pacte de rachat. Dans deux cas cependant, aucune de ces raisons n'existe pour expliquer leur absence.

On choisissait d'ordinaire des garants parmi les parents des vendeurs, ou, à défaut de ceux-ci, parmi ceux qui avaient, ou qui avaient eu, un droit sur l'immeuble[1]. Parfois la responsabilité de chaque garant était limitée, comme dans le n° 23, où il y en a dix, chacun d'eux ne s'engageant que pour une partie et dans des proportions variables[2]. Dans le n° 32, où le prix est de cinq cents drachmes, nous trouvons quatre garants : chacun d'eux est responsable, non seulement de sa quote part, mais aussi de tout le reste, si les autres manquent à leur engagement[3]. Ils sont parfois tous solidaires : on se sert alors de la phrase καὶ μέσωι πάντες καὶ χωρὶς ἕκαστος παντὸς τοῦ ἀργυρίου[4], c'est-à-dire tous ensemble, et chacun pour le tout.

Enfin on trouve parfois une combinaison des deux systèmes réunis en un même contrat. Dans le n° 36, par exemple, le prix est de six mille drachmes, et il y a six garants ; deux d'entre eux sont responsables de mille drachmes chacun, et les quatre autres sont solidaires pour le reste[5].

Quand rien n'indique quel fut le système suivi, il est probable que les garants étaient solidaires. D'ailleurs nous avons déjà vu, en traitant des cautions proprement dites, les différents moyens employés dans la répartition des responsabilités.

Nous retrouvons le βεβαιωτής dans les ventes d'immeubles à Amphipolis et à Mylasa. Dans la première de ces deux villes, la vente d'un immeuble pour trois cents statères d'or est consignée dans un acte, en présence de témoins, et le contrat est garanti par un βεβαιωτής[6]. A Mylasa la tribu des Otorkondeis achète des terrains à un nommé Thraséas à condition que celui-ci prenne à sa charge les frais d'enregistrement, et qu'il fournisse des garants[7]. On trouve en outre, toujours à Mylasa, une

1. *Ibid.*, p. 97 ss.
2. *Ibid.*, N° VII, p. 63 ss., l. 55 ss.
3. *Ibid.*, N° VII, l. 84. — — Βοηθὸς Δωροθέου Θεστιάδης κατὰ ἑκατὸν εἴκοσι πέντε δραχμάς· πρατορεύει Βοηθὸς καὶ κατὰ τὰς τριακοσίας ἑβδομήκοντα πέντε δραχμάς.
4. *Ibid.*, e. g., l. 11 et 31.
5. *Ibid.*, l. 95 ss.
6. *S. I. G.* 832 = (MICHEL, 1386, III° s. av. J.-C.)
7. *B. C. H.*, V, p. 108 (= D. H. R., p. 242.) B. l. 5 : Ἐφ'ὧι καταγράψει τούτων τὴν ὠνὴν βεβαιωτὰς διδούς. (Fin du II° s. av. J.-C.)

autre vente consentie par Diodotos à un temple, et aux mêmes conditions[1].

Dans ces deux cas les terrains sont loués au vendeur par le nouvel acquéreur.

Actes d'affranchissement.

C'est à Delphes qu'on a trouvé la plupart des actes d'affranchissement que nous possédons. Dans les actes d'affranchissement par vente fictive, la constitution d'un garant est de règle. Cette vente fictive consistait, d'après la théorie généralement admise, dans le versement par l'esclave d'une certaine somme entre les mains du prêtre, qui devait ensuite, en sa qualité de représentant du dieu, la verser au maître. Cet argent pouvait provenir du pécule de l'esclave ou lui avoir été donné par son maître, ou bien encore lui avoir été prêté par un tiers[2].

M. Haussoullier a bien voulu nous faire part d'une nouvelle théorie d'après laquelle la vente aurait été véritablement fictive, c'est-à-dire qu'en réalité aucun versement dè fonds n'aurait eu lieu. Mais quel qu'ait été le procédé, le principe suivi était toujours le même. Voici un de ces actes d'affranchissement, très simple, et qui peut passer pour un modèle du genre : Ἀπέδοτο Κλεογένης Ἀνδρονίχου Ἀλεῖος ἐν Ἀμφίσσαι ἐνεργαζόμενος σῶμα ἀνδρεῖον (nom) ἐπ'ἐλευθερίαι τῶι Ἀπόλλωνι τῶι Νασιώται τιμᾶς ἀργυρίου δραχμᾶν χιλίαν· τὰν τιμὰν ἀπέχει πᾶσαν· βεβαιωτήρ κατὰ τὸ σύμβολον Φίλιος Χαλειεύς κ.τ.λ[3]. Ainsi le maître reconnaît qu'il a vendu son esclave au dieu, et que le véritable objet de cette vente a été d'affranchir l'esclave. Parfois on s'étend plus longuement dans ces actes sur l'objet de la vente, ainsi : καὶ τὰν τιμὰν ἔχει πᾶσαν καθὼς ἐπίστευσε Εὐρώπα (l'esclave) τῶι θεῶι τὰν ὠνάν, ἐφ'ὦιτε ἐλευθέραν εἶμεν καὶ ἀνέφαπτον ἀπὸ πάντων τὸν ἄπαντα χρόνον, ποιοῦσα ἅ κα θέληι καὶ ἀποτρέχουσα οἷς κα θέληι[4].

La plupart de ces actes proviennent, nous l'avons déjà dit, de Delphes, mais nous en possédons aussi d'Amphissa[5], de Chaleion[6], et de Physkos[7] en Locride ; de Naupaktos[8], d'Arsi-

---

1. *C. I. G.*, 2694 b, l. 13, mêmes mots. (Époque impériale.)
2. V. G. FOUCART, *De libertorum conditione apud Athenienses*, p. 14 ss.
3. A Chaleion. COLLITZ, 1477 (= *C. I. G. S.*, III, 331.)
4. WESCHER et FOUCART, *Inscriptions recueillies à Delphes*, n° 33.
5. *B. C. H.* XIX, pp. 385 et 389.
6. COLLITZ, 1477.
7. *B. C. H.* XXII, pp. 355 et 357.
8. *C. I. G. S.* III. 359-384.

noe[1], et de Phistyum[2] villes de la ligue Étolienne ; de Tithora[3] en Phocide, de Stratos[4] en Acarnanie, etc., etc.

Dans tous les actes ci-dessus il est question de garants, dont le rôle consistait à protéger l'esclave qu'on venait de vendre, c'est-à-dire à le garantir contre toute revendication ou contre tout attentat à sa liberté. Cette garantie est parfois absolue, et parfois limitée par les conditions de la vente. C'est ainsi qu'il est stipulé dans certains actes, que l'esclave devra acquitter certaines obligations qui incombent au maître, telles que les ἔρανοι dont nous avons déjà parlé, ou qu'il devra nourrir son enfant ; parfois encore il lui est défendu d'avoir lui-même des enfants[5]. Si ces conditions ne sont pas remplies la vente est annulée et les garants libérés de toute responsabilité.

Mais si l'esclave remplit ces conditions, ou s'il n'y en a pas, les garants sont responsables de sa liberté, de par la loi. Il en est de même du vendeur, si celui-ci s'est joint aux garants proprement dits : εἰ δέ τις ἐφάπτοιτο Κασταλίας ἐπὶ καταδουλισμῶι βέβαιον παρεχόντων τῶι θεῶι τὰν ὠνὰν οἵ τε ἀποδόμενοι καὶ ὁ βεβαιωτὴρ Ἀστόξενος· εἰ δὲ μὴ παρέχοιν βέβαιον τῶι θεῶι τὰν ὠνὰν, πράκτιμοι ἐόντων κατὰ τὸν νόμον τᾶς πόλιος· ὁμοίως δὲ καὶ οἱ παρατυγχάνοντες κύριοι ἐόντων συλέοντες Κασταλίαν κ.τ.λ.[6].

Cette dernière clause veut dire que toute personne de bonne volonté a le droit de prêter main-forte à l'affranchi si la liberté de ce dernier est en péril, et même le droit d'intenter un procès aux garants : βέβαιον δὲ παρεχόντων τῶι Ἀπόλλωνι τὰν ὠνάν, εἴ τίς κα ἐφάπτηται αὐτᾶν, οἱ βεβαιωτῆρες καὶ ὁ ἐπίνομος τῶν Μίκκωνος (vendeur)·εἰ δέ κα μὴ παρέχωντι, ὑπόδικοι ἐόντων τῶι θέλοντι ὑπὲρ τὸν Ἀπόλλωνα ἐγδικάζεσθαι[7].

Quelquefois, mais rarement, le montant de l'amende dont

---

1. *C. I. G. S.* III. 400.

2. *C. I. G. S.* III. 417.

3. COLLITZ, 1555 a, b, c, d, e. f.

4. *B. C. H.* XVII. 451. La grande majorité des actes d'affranchissement par vente fictive que nous possédons, date du 2ᵉ siècle av. J.-C. V. P. FOUCART, *Mémoire sur l'affranchissement des esclaves sous forme de vente à une divinité.*

5. E. g. *C. I. G. S.* III. 374 à Naupaktos. Μὴ θρεψάτω δὲ γενεὰν Λίβανος (l'esclave), εἰ δὲ θρέψει, ἀτελὴς καὶ ἀρμένα ἀ ὠνὰ ἔστω καὶ ὁ προαποδότας μὴ προπωλείτω καὶ Λίβανος ἔστω Δελφίωνος (l'affranchisseur). L'objet de cette condition était d'assurer au maître affranchisseur la succession de l'esclave.

6. WESCHER et FOUCART, nᵒ 21.

7. *B. C. H.*, V. p. 406 ss. nᵒ 25. Cf. *ibid.* nᵒˢ 39, 40.

sont passibles les garants, est consigné d'avance dans le contrat de vente ; cette amende est le plus souvent de moité en sus du prix de l'esclave[1]. Voici cependant une exception à la règle: le prix de l'esclave n'est que de cinq mines, mais l'amende est fixée à trente, et le vendeur et son garant sont solidaires[2]. Mais ce cas est assez rare, et même la clause qui sanctionne les poursuites est souvent omise. Les garants auraient alors été tenus de payer à titre d'amende une somme égale au prix de l'esclave, dont le montant est consigné dans l'acte de vente, et peut-être des dommages-intérêts en sus. Il se peut cependant qu'à défaut de conditions insérées dans le contrat même, cette question fût réglée par la loi sur la constitution de garants, loi que citent presque tous les actes ; on ajoute à la suite, quand le vendeur est étranger, la phrase καὶ κατὰ τὸ σύμβολον ou κατὰ τὰν συμβολάν, ce qui signifie une convention internationale[3].

Dans la plupart des actes, les garants seuls s'obligent formellement à assurer sa liberté à l'esclave, mais parfois les vendeurs ou même leurs héritiers le font également[4].

Ordinairement, les garants sont des parents; les fils[5], les frères[6] ou même le mari[7] de la personne qui vend, ou bien des notables de la ville, dont les noms se trouvent souvent à Delphes dans des documents d'un autre genre. Comme l'a dit M. Foucart, c'était pour eux un moyen d'acquérir encore plus d'influence dans la ville.

Parfois les parties consentantes[8] se trouvent être en même temps au nombre des garants. Il y a généralement un ou deux garants par contrat de vente, mais nous en trouvons parfois trois ou quatre, sans qu'il y ait aucun rapport entre le nombre des esclaves vendus et celui des garants.

Quant à la nationalité des garants, nous trouvons à Delphes surtout toutes les combinaisons possibles. Quand le vendeur est étranger, un des garants au moins, et parfois tous, sont des

---

1. E. g. WESCHER et FOUCART, n°⁸ 47, 341, 347, 384, 407.
2. WESCHER et FOUCART, n° 33.
3. WESCHER et FOUCART, n° 47. Πράκτιμοι ἐόντων κατὰ τόν νόμον τῶν Δελφῶν καὶ κατὰ τὸ σύμβολον τῶν Φωκέων. Cf. ibid., N° 18, et passim.
4. E. g., ibid., N° 21, N° 33. B. C. H., VI, p. 406, ss., N° 25, cit. supra.
5. WESCHER et FOUCART, e. g., N°ˢ 58, 65, 74.
6. E. g., ibid., N° 78.
7. Ibid., N° 267.
8. Συνευδοχεῖν ou συνευδοχιμεῖν. E. g., ibid., N°ˢ 113, 123.

Delphiens[1] ; parfois cependant, il n'y a pas un seul garant citoyen de la ville[2] ; et parfois, bien que ce soit très rare, aucun des garants n'est ni citoyen du vendeur, ni Delphien. Ailleurs, la plupart des affranchisseurs sont des nationaux, ce qui rend inutile l'intervention des étrangers comme garants.

Aussi, dans une vente consentie à Delphes par un Élatéen, l'un des garants est de Delphes, l'autre d'Anticyre[3], et dans une autre, toujours à Delphes, l'unique garant n'est ni concitoyen du vendeur, ni citoyen de la ville[4].

Dans tous les contrats dont nous parlons, la présence d'au moins une personne, qui puisse, le cas échéant, venir au secours de l'affranchi, est assurée, même dans l'exemple cité en dernier lieu et où il a dû y avoir des circonstances que nous ignorons, pour justifier le choix de cette personne comme garant. Enfin, dans les actes de Tithora[5], non seulement il est question des garants, mais nous trouvons aussi leur signature mise au bas de l'acte[6].

B. L'ἐγγύησις

Vis à vis du βεβαιωτής ou garant fourni par le vendeur, se trouve l'ἐγγυητής ou caution constituée par l'acheteur, pour garantir le paiement du prix.

Remarquons tout d'abord que nous ne possédons aucun texte, ayant une valeur juridique, qui fasse mention du cautionnement donné par l'acheteur, sauf les textes qui ont rapport à la vente des impôts, vente qui, en apparence du moins, se rapproche plus du fermage que de la vente. Cependant, les auteurs qui, en traitant de la vente des impôts, se servent toujours des termes propres à la vente en général, ont au fond absolument raison. En effet, dans les contrats de fermage, les immeubles, bâtiments ou terrains, restaient la propriété de l'État, tandis que les impôts devenaient celle de l'acheteur.

Or, dans la vente des immeubles, le vendeur pouvait toujours s'assurer du paiement du prix, soit par une hypothèque, soit

1. E. g., *ibid.*, Nos 53, 61.
2. E. g., *ibid.*, Nos 35, 60.
3. *Ibid.*, No 47.
4. *Ibid.*, No 186.
5. Colliz, 1555, d. e. f.
6. Pour les actes de Delphes, nous nous sommes servi constamment du mémoire de M. Foucart sur les actes d'affranchissement de Delphes.

par un gage. Il en était de même de la propriété mobilière, bien que dans ce dernier cas, les prix étant généralement moindres, il ne fût pas aussi nécessaire de recourir à ce moyen.

Le registre de Ténos nous offre un exemple de ce genre d'hypothèque, et l'usage du gage en pareil cas est attesté par un des lexiques de Séguier[1], qui dit qu'il était permis à l'acheteur, si des tiers lui contestaient ses droits, d'intenter un procès βεβαιώσεως, c'est-à-dire une action en garantie contre son vendeur, même s'il n'avait pas encore payé le prix et s'était contenté d'en donner un gage. Cependant, dans certaines parties de la Grèce, il n'y avait pas de recours juridique en matière de conventions faites de gré à gré, mais elles ne comportaient aussi qu'un arrangement de gré à gré. Ainsi, suivant Aristote, ἐνιαχοῦ τ'εἰσὶ νόμοι τῶν ἑκουσίων συμβολαίων δίκας μὴ εἶναι, ὡς δέον ᾧ ἐπίστευσε διαλυθῆναι πρὸς τοῦτον καθάπερ ἐκοινώνησεν, κ. τ. λ. [2], et Théophraste attribue cette règle à Charondas et Platon[3].

Cet usage n'a dû exister que dans la Grande Grèce et dans les théories des philosophes, et il est probable qu'ailleurs, si l'on ne se servait pas de gage ou d'hypothèque, ou bien l'on se fiait, tout en ayant le droit de réclamer le prix, à la bonne foi de l'acquéreur, ou l'on en exigeait des cautions. Car de ce que les documents nous font défaut, il ne faut pas conclure qu'en cette matière la constitution de cautions n'était pas de règle, puisque les contrats entre particuliers ont été rarement conservés, et que ce moyen de garantir ses droits est des plus naturels.

Nous avons d'autre part une grande quantité de documents à notre disposition en ce qui concerne le cautionnement fourni par les adjudicataires des impôts à Athènes. Ainsi Xénophon nous dit qu'à Athènes on exigeait la constitution de cautions aussi bien de ceux qui prenaient à bail les biens de l'État, que de ceux qui achetaient les impôts[4].

L'anecdote que raconte Plutarque au sujet d'Alcibiade, montre

---

1. *An. gr.* I. p. 219.

2. ARIST., *Eth. Nic.* 1164 b.

3. THEOPHR., *in Stob.* XLIV, 22. Ἢ ὥσπερ Χαρώνδας καὶ Πλάτων· οὗτοι γὰρ παραχρῆμα κελεύουσι διδόναι καὶ λαμβάνειν, ἐὰν δέ τις πιστεύσῃ, μὴ εἶναι δίκην· αὐτὸν γὰρ αἴτιον εἶναι τῆς ἀδικίας. — Cf. PLATO, *Leges*, 915 D.

4. XEN., *Vect. IV.* 19-20. Μισθοῦνται γοῦν καὶ τεμένη καὶ ἱερὰ καὶ οἰκίας καὶ τέλη ὠνοῦνται παρὰ τῆς πόλεως· ὅπως γε μὴν τὰ ὠνηθέντα σώζηται, τῷ δημοσίῳ ἐστὶ λαμβάνειν ἐγγύους παρὰ τῶν μισθουμένων, ὥσπερ καὶ παρὰ τῶν ὠνουμένων τὰ τέλη.

que la constitution de cautions avait lieu au moment des enchères. Alcibiade voulant se venger de certains τελῶναι ou fermiers des impôts, et rendre service en même temps à un métèque de ses amis, poussa énergiquement ce dernier à enchérir. Sitôt dit, sitôt fait. Mais les concurrents se montrèrent peu satisfaits, et persuadés que le pauvre homme n'avait pas de caution lui demandèrent qu'il nommât sa caution ; ce fut alors qu'Alcibiade fît son apparition, tel un *deus ex machina*, et se déclara caution pour son ami [1].

De même Andocide se vante d'avoir acheté la πεντηκοστή en constituant des cautions, et au grand profit de l'État [2].

On trouve dans un passage d'Aristote une indication de l'importance du rôle des cautions. En Macédoine la vente de l'ἐλλιμένιον ou octroi des ports, rapportait vingt talents à l'État. On enchérissait peu, car il fallait constituer des cautions, dont chacune devait être responsable d'au moins un talent. Mais Callistrate fit publier un nouveau règlement permettant le partage des responsabilités, et les cautionnements d'un tiers de talent, et de plus petites sommes encore. Les enchères étant ainsi mises à la portée d'un plus grand nombre de personnes, les bénéfices de l'État furent doublés en peu de temps [3].

Ce genre de cautionnement se trouve même dans les satires de Lucien. Tout acheteur aux enchères de la vie d'un philosophe est tenu, s'il ne peut payer de suite, de constituer une caution pour l'acquittement de cette dette dans le délai d'un an [4].

Quant aux amendes qu'encouraient à Athènes les cautions qui manquaient à leur engagement, elles étaient les mêmes que pour tout débiteur de l'État. Nous avons déjà exposé la nature de ces amendes [5], nous n'aurons donc pas à y revenir ; nous nous bornerons à citer un texte [6] qui se rapporte particulièrement aux cautions des τελῶναι : il s'agit du serment des membres du conseil Athénien : οὐδὲ δήσω Ἀθηναίων οὐδένα, ὃς ἂν ἐγγυητὰς τρεῖς καθιστῇ τὸ αὐτὸ τέλος τελοῦντας, πλὴν ἐάν τις ἐπὶ προδοσίᾳ τῆς πόλεως ἢ ἐπὶ καταλύσει τοῦ δήμου συνιὼν ἁλῷ, ἢ τέλος πριάμενος ἢ ἐγγυησάμενος ἢ ἐκλέγων μὴ καταβάλῃ, c'est à dire que les cautions

---

1. PLUT., *Alcib.* 5.
2. ANDOCID., *De Myst.* 134.
3. ARIST., *Oeconom.* 1350 a 18.
4. LUCIAN., Βίων πρᾶσις, ch. 1. Εἰ δέ τις οὐκ ἔχοι τὸ παραυτίκα τἀργύριον καταβαλέσθαι, ἐς νέωτα ἐκτίσει καταστήσας ἐγγυητήν.
5. V. *supra*, ch. II, § 1.
6. DEM., *in Timocrat.*, 144, p. 745.

des τελῶναι qui n'auraient pas acquitté leur engagement, sont assimilées, en ce qui concerne l'emprisonnement, aux traîtres et aux ennemis de l'État.

Nous ne savons rien au sujet des amendes dans les autres villes de la Grèce. Il est probable toutefois qu'elles différaient très peu des amendes encourues par les cautions dans les autres contrats passés avec l'État. Elles auraient donc été de moitié en sus du prix convenu.

Enfin il y a dans le registre des ventes de sacerdoce à Erythrées[1] un genre de cautionnement qui a donné lieu à plusieurs interprétations. Mais ceci demande quelques mots d'explication.

On trouve dans ce document trois sortes de transfert de sacerdoces : 1) la πρᾶσις; 2) l'ἐπίπρασις; 3) la διασύστασις. La plupart de ceux qui ont étudié ce document croient que la πρᾶσις était une vente par l'État, quand le sacerdoce était vacant par suite de la mort ou de l'exil du titulaire, l'ἐπίπρασις la vente consentie par le titulaire à une autre personne, et la διασύστασις la cession par le titulaire à ses héritiers[2]. D'autre part, M. Lehmann a cru que l'on venait de promulguer une loi décrétant la vente des sacerdoces, et que la πρᾶσις était la vente de ceux qui tombaient au pouvoir de l'État pour la première fois depuis la promulgation de la loi; l'ἐπίπρασις la vente des sacerdoces qui avaient été déjà vendus, et qui se trouvaient de nouveau en disponibilité, et la διασύστασις la cession gratuite de la charge, faite par le titulaire à une autre personne[3].

Nous n'avons pas à nous décider en faveur d'une théorie ou de l'autre. Ce qui nous intéresse, c'est que chaque acte de vente d'une charge sacerdotale contient à la fois la mention du prix, de la taxe, du nom de l'acquéreur et de celui de la caution.

Quelles étaient donc les fonctions de celle-ci? On a cru que la caution devait garantir à l'État l'accomplissement par l'acquéreur des devoirs de sa charge[4]. Mais, comme M. Haussoullier nous l'a fait remarquer, l'intérêt personnel du prêtre était une garantie suffisante, la charge étant trop honorifique et trop lucrative, pour qu'il pût être tenté de courir le risque de la

---

1. *S. I. G.*, 600.
2. DITTENBERGER, (Commentaire *S. I. G.*, 600). RAYET, *in Rev. Arch.* 1877, p. 107 ss. V. GAEBLER, *Erythrae*, pp. 61-89.
3. *Quaestiones sacerdotales.* Konigsb. Dissert. 1888, p. 21 ss.
4. RAYET, *loc. cit.*, p. 124. — Cf. GAEBLER, *loc. cit.*, p. 75.

perdre ou pour qu'il manquât à ses devoirs. D'ailleurs il n'est fait mention nulle part d'une pareille garantie.

L'objet du cautionnement ne pouvait donc être que le paiement du prix ou de la taxe, ou des deux. Mais il ne nous paraît pas probable que la caution ait garanti le paiement du prix.

Car, si comme nous le croyons, la cession dans les trois exemples de διασύστασις que nous avons est consentie en échange d'une somme payable au titulaire actuel, le paiement serait garanti dans l'espèce par le vendeur lui-même, ce qui serait évidemment un contre-sens. Suivant l'hypothèse de Lehmann, celui qui cédait le sacerdoce par une διασύστασις n'en avait pas encore payé le prix original qu'il devait à l'État. Nous verrions donc un débiteur de l'État se porter caution envers ce même État du paiement, par un tiers, d'une dette, dont ce débiteur ne s'est pas acquitté lui-même, ce qui est aussi un contre-sens.

Ainsi nous sommes réduit à ne voir dans l'ἐγγυητής, dont il est question dans tous les actes, que la caution du paiement de l'ἐπώνιον, c'est-à-dire de la taxe due à l'État. Cela s'accorde très bien d'ailleurs avec le registre des ventes de Ténos, dans lequel il n'est fait mention ni d'ἐγγυητής, ni d'ἐπώνιον.

Section 6. — Cas particuliers.

On retrouve le cautionnement dans quelques contrats civils qui ne se rattachent à aucun de ceux que nous venons d'étudier, mais dans lesquels on retrouve les mêmes principes généraux.

1) Adultère.

C'est dans Homère que nous trouvons tout d'abord un exemple de ce cautionnement. Poseidon cautionne Arès pour la rançon d'adultère que celui-ci doit à Héphaestos[1]. Cet usage existait encore au temps de Démosthène, et l'on reconnaissait au mari le droit de mettre à mort le complice de la femme adultère pris en flagrant délit. Si le mari n'exerçait pas ce droit, il pouvait (sans parler d'autres sanctions) exiger une rançon du coupable, et le séquestrer jusqu'à ce qu'il l'eût payée, ou qu'il eût fourni des cautions pour le paiement.

---

1. HOM., *Odyss.*, VIII, 349 ss.

Dans l'affaire dont parle Lysias dans son plaidoyer *De caede Eratosthenis*, c'est cette dernière réparation qu'offre le coupable[1].

Dans la chronique scandaleuse de la vie de Néère, on nous raconte que Stéphanos séquestrait les amants de celle-ci, et ne les relâchait que lorsqu'ils avaient constitué des cautions[2].

La loi prescrivait toutefois que celui qui avait été injustement séquestré pour adultère, pouvait poursuivre le mari au moyen d'une γραφὴ ἀδίκως εἱρχθῆναι, et que si les juges lui donnaient raison, l'immunité lui était acquise et ses cautions étaient libérées de leur engagement. Mais si c'était le mari qui gagnait la cause, alors les cautions devaient lui livrer le plaignant contre lequel il pouvait, devant le tribunal, exercer des sévices à sa guise; l'usage du couteau lui était cependant défendu[3].

Or, dans l'affaire dont parle le pseudo-Démosthène, Épainétos ayant été séquestré par Stéphanos se fait relâcher par celui-ci, en fournissant deux cautions, et dépose ensuite une plainte, comme ayant été emprisonné sans motif, et la base sur deux conclusions : a) Stéphanos n'est pas le père de la femme en question[4]. b) La femme en question est une fille entretenue. Alors Stéphanos finit par transiger, et l'affaire se termine par une décision arbitrale rendue par les cautions mêmes d'Épainétos[5].

2) Partage d'une succession.

Dans le plaidoyer d'Isée sur l'héritage de Dicéogène, il s'agit d'un certain Dicéogène, fils adoptif du premier, qui avait perdu un procès en recouvrement de deux tiers de la succession, intenté par les neveux du défunt. On avait fini par arranger, devant le tribunal même, l'affaire à l'amiable, et Dicéogène s'était engagé à restituer le bien qu'on lui réclamait, en constituant deux cautions, dont l'une était un nommé Léocharès. Mais ni Dicéogène ni Léocharès n'ayant exécuté leur engagement, on intenta un nouveau procès, procès auquel se rapporte le plaidoyer d'Isée prononcé contre tous deux[6].

1. Lysias, *De caede Erat.*, § 25.
2. Dem. (?), *in Neair.*, 64 ss., p. 1366; *ibid.*. 41, p. 1359.
3 *Ibid.*, 66, p. 1367.
4. Le droit du mari pouvait être exercé aussi bien par le père ou par le frère.
5. Dem. (?), *in Neair.*, 64 ss., p. 1366.
6. V. l'argument du plaidoyer *De Dic. hered.* : τῷ μὲν ὡς συνθεμένῳ, τῷ δὲ ὡς ἐγγυητῇ et § 1 du plaidoyer même : ἐπειδὴ δὲ οὐ ποιεῖ Δικαιογένης ἃ ὡμολόγησε, δικαζόμεθα Λεωχάρει ἐγγυητῇ γενομένῳ Δικαιογένους ὥσπερ ἀντωμόσαμεν.

Seulement nous ne voyons pas très bien pourquoi on n'a pas poursuivi Mnésiptolémos qui s'était porté caution avec Léocharès[1]. Il est probable qu'un arrangement, que nous ne connaissons pas, était intervenu à son égard.

3) Transfert de la triérarchie.

Apollodore était triérarque dans l'Hellespont, et le temps prescrit s'étant depuis longtemps écoulé, il attendait en vain qu'un certain Polyclès vînt le relever de ses fonctions.

Des amis d'Apollodore vinrent trouver Polyclès, et l'engagèrent vivement à aller rejoindre son navire. Ils lui firent savoir en même temps que, les agrès étant la propriété d'Apollodore, et non celle de l'État, ils étaient tout disposés à en recevoir le prix pour le compte de leur ami, et à lui garantir comme cautions la restitution par Apollodore d'une somme équivalente à l'usure de ces agrès[2].

4) Dans un fragment mutilé du second code de Gortyne[3], nous lisons, Αἰ δέ κα συνγῶντι τᾶν δέκ' ἀμερᾶν μὴ περαιώσην, ἀνδοκὰν δὲ καὶ [- -.

Il s'agit probablement d'un esclave fugitif qui aurait dérobé des objets appartenant à d'autres personnes, lequel esclave aurait été ensuite acquis par un tiers. Le nouveau propriétaire sera donc tenu responsable envers les réclamants, et l'esclave leur appartiendra, si l'acheteur ne résilie pas son contrat dans les trente jours de l'achat. On peut convenir cependant de ne pas résilier le contrat, mais de donner des cautions, en garantie probablement de la restitution des biens[4].

---

1. *Ibid.* §§ 1, 18, 23.
2. DÉM., *c. Polycl.*, 28, p. 1215.
3. D. H. R., p. 397. Col. VII, l. 17 ss. (Vᵉ s.)
4. *Ibid., Commentaire ad loc.*, pp. 448-q.

CHAPITRE III

LE CAUTIONNEMENT JUDICIAIRE

Le cautionnement en matière judiciaire se divise naturelle_
ment en deux sections :

1) Le cautionnement *judicio sistendi causa.*

2) Le cautionnement *judicatum solvi* ; y compris les cas quasi-judiciaires qui se rattachent à l'un ou à l'autre.

Sauf en ce qui concerne Athènes, nous n'avons que fort peu de textes se rapportant à ce genre de cautionnement. Nous n'indiquerons donc la provenance des documents que nous allons étudier que quand il s'agira d'une ville autre qu'Athènes.

Section 1. — **Le cautionnement *judicio sistendi causa.***

L'objet de ce cautionnement est évidemment d'assurer la comparution du prévenu devant le tribunal, tout en lui laissant la liberté nécessaire à la préparation de sa défense, ἵνα μὴ διὰ τὸ δεδέσθαι χεῖρον ἀναγκάζοιντο ἀγωνίζεσθαι ἢ καὶ παντάπασιν ἀπαράσκευοι εἶεν comme dit Démosthène [1].

Il était défendu d'emprisonner un citoyen tant qu'il n'était que prévenu, pourvu qu'il fournit trois cautions du même cens que lui. Les seules exceptions étaient les cas de trahison, d'attentat contre la démocratie, ou d'engagements non tenus envers l'État. Dans ce dernier cas, il n'était question que de ceux qui

---

1. Dem., *in Timocr.*, 145, p. 745, cf. Antiph., *De caede Herod.*, 18.

avaient participé à la perception des impôts, comme acheteurs, comme cautions ou comme percepteurs[1].

Mais ce n'était pas tout ; on poussait l'indulgence au point de n'exiger la constitution d'une caution que dans deux catégories de procédure :

1) ἔνδειξις[2], ἐφήγησις, ἀπαγωγή[3].

Ces trois formes de procédure sont toutes étroitement liées entre elles, ayant chacune un caractère d'urgence, et ne s'appliquant qu'en cas de crimes manifestes, ou quand le coupable avait été pris en flagrant délit.

2) Εἰσαγγελία[4].

Cette procédure était applicable à l'origine aux cas non prévus par la loi, ou aux crimes commis contre l'État, mais peu à peu l'εἰσαγγελία s'est vulgarisée, et en se répandant a perdu son caractère exceptionnel[5].

Il faut reconnaître cependant que dans le plaidoyer d'Andocide sur les Mystères[6], où il s'agit d'une ἔνδειξις, l'orateur se vante d'avoir comparu devant le tribunal sans avoir constitué de cautions et sans avoir été écroué.

Or ce passage même démontre que la constitution de cautions était d'usage dans l'ἔνδειξις, quoique nous ne sachions pas comment Andocide a pu s'y soustraire.

En outre certains auteurs ont ajouté la φάσις aux procédures, dans lesquelles des cautions étaient exigibles, et ils se sont appuyés sur un texte d'Isocrate[7], mais le passage en question se rapporte à un étranger et de plus c'est dans l'εἰσαγγελία et non dans la φάσις que le cautionnement, dont il s'agit, a été fourni[8].

De même, il est fort probable que la constitution de cautions dans le cas de προβολή dont il s'agit dans le passage où Xénophon raconte les mesures prises contre les accusateurs des généraux[9], est tout à fait une exception, puisque la προβολή

1. DEM., *loc. cit.*
2. E. g. ANDOC., *De Myst.* 17 et 20.
3. DEM., *ibid.*, § 146. V MEIER-SCHÖMANN-LIPSIUS, pp. 270 et 776 ss.
4. DEM., *in Timocr.* 144, p. 745. ANDOC. *De Myst.* 44. MEIER-SCHÖMANN-LIPSIUS, p. 781.
5. HYP., *Euxenipp.*, § 1 ss.
6. ANDOC., *De Myst.*, § 2.
7. ISOCR., *Trap.*, § 42.
8. V. MEIER-SCHÖMANN-LIPSIUS, p. 779, note.
9. XEN., *Hell.*, I. VII, 35.

n'avait d'autre objet que de procurer un *praejudicium* du peuple contre l'accusé[1].

Enfin quelques auteurs ont mis, en ce qui concerne le cautionnement, la προδοσίας γραφή et la καταλύσεως τοῦ δήμου γραφή sur la même ligne que les εἰσαγγελίαι pour ces mêmes forfaits, mais sans aucune preuve[2]. Platon, il est vrai, ordonne que celui qui poursuivra un meurtrier en justice, en exigera trois cautions solvables[3], mais cela ne prouve pas qu'une pareille loi ait jamais existé à Athènes, et tous les documents semblent indiquer le contraire.

D'un autre côté, les métèques et les étrangers étaient toujours obligés de fournir des cautions, quelle que fût la procédure suivie[4]. C'est ainsi que dans l'affaire d'Hérodès, l'accusé se plaint de ce que ses adversaires ont mené les choses de telle sorte qu'il ne lui a pas été permis de constituer des cautions, et il continue τῶν δὲ ἄλλων ξένων ὅστις πώποτε ἠθέλησε καταστῆσαι ἐγγυητάς, οὐδεὶς πώποτε ἐδέθη[5], c'est-à-dire que d'ordinaire il était permis aux étrangers de constituer des cautions, au lieu d'aller en prison.

De même les bannis qui étaient revenus dans Céos, et avaient mis à mort des Athéniens, furent exilés de nouveau, et leurs biens confisqués, mais il est stipulé dans le décret athénien, que ceux qui auraient été inscrits à Athènes comme passibles de cette confiscation par les stratèges d'Iulis en résidence dans la première ville, profiteraient d'un sursis d'exécution, pourvu qu'ils constituassent, dans le délai de trente jours, des cautions, qui garantîssent leur comparution devant le tribunal, soit à Céos, soit à Athènes[6].

Au nombre des Apophthegmes attribués par Plutarque à Scipion nous trouvons le suivant : le général romain assiégeait

1. V. MEIER-SCHÖMANN-LIPSIUS, p. 781.
2. V. *Ibid.*, p. 777-778. CAILLEMER *in* DAREMBERG et SAGLIO, *s. v.* Ἐγγύη.
3. PLATO, *Leg.*, 871 E.
4. LYSIAS, c. *Agorat.*, § 23. ISOCR., *Trap.*, § 12. DEM., c. *Zenothem.* 29, p. 890.
5. ANTIPH. *de caede Herod.* 17.
6. *C. I. A.* II 54 b, ll. 45-49 (362 av. J.-C.) : ἐὰν δέ τινες τῶν ἀπογραφέντων ἀμφισβητῶσι μὴ εἶναι τούτων τῶν ἀνδρῶν, ἐξεῖναι αὐτοῖς ἐγγυητὰς καταστήσασι πρὸς τοὺς στρατηγοὺς Ἰουλιητῶν τριάκοντα ἡμερῶν δίκας ὑποσχεῖν κατὰ τοὺς ὅρκους καὶ τὰς συνθήκας ἐν Κέωι καὶ ἐν τῆι ἐκκλήτωι πόλει Ἀθήνησι. On pourrait aussi traduire : pourvu qu'ils constituent des cautions pour leur comparution dans un délai de trente jours, etc.

la ville de Bathée, et afin de montrer sa confiance dans le succès des opérations, il ordonna que l'on constituât des cautions pour l'audition des procès, qui auraient lieu dans trois jours dans un temple de la ville qui avait attiré son attention[1].

Ἀφαίρεσις εἰς ἐλευθερίαν.

Toute personne qui réclamait la mise en liberté d'un individu actuellement en esclavage (ἀφαίρεσις ou ἐξαίρεσις εἰς ἐλευθερίαν) devait fournir des cautions[2], qui garantissaient la comparution de l'esclave devant le tribunal. Or certains auteurs ont cru que dans ce cas l'objet du cautionnement était de garantir le paiement de l'indemnité à laquelle le maître aurait droit, si l'ἀφαίρεσις était jugée mal fondée[3]. C'est peut-être la même idée qui a poussé un autre auteur à insérer ce genre de cautionnement dans le cautionnement *judicatum solvi*[4].

Mais un passage de Lysias est très précis sur ce point. Il s'agit d'un nommé Pancléon qu'un certain Nicomédès emmenait comme esclave. Des amis de Pancléon s'engagèrent sous cautionnement à produire ce dernier devant le tribunal, où devait avoir lieu l'ἀφαίρεσις légale, en disant qu'un frère de Pancléon le réclamerait comme libre. Or le lendemain l'esclave comparut, mais personne ne voulant le réclamer par voie d'ἀφαίρεσις légale, ses amis l'emportèrent de vive force. L'orateur commente ainsi ces faits : οὐδενὶ χαλεπὸν γνῶναι ὅτι εὖ εἰδὼς ἑαυτὸν ὄντα δοῦλον ἔδεισεν ἐγγυητὰς καταστήσας περὶ τοῦ σώματος ἀγωνίσασθαι[5]. Ici c'est l'esclave qui est censé devoir constituer des cautions.

De même dans un autre cas d'ἀφαίρεσις εἰς ἐλευθερίαν, il est dit Πασίων αὐτὸν ἑπτὰ ταλάντων διηγγυήσατο[6], c'est-à-dire que c'est l'*assertor* qui cautionne l'esclave. Encore dans le cas de Néère, qu'on réclamait comme libre, on dit κατηγγύησεν αὐτὴν et κατεγγυηθεῖσα[7] : c'est encore l'esclave dont on exige la constitution de cautions.

Tous ces textes prouvent que le cautionnement se rapportait à la personne de l'esclave. Car si ç'avait été le paiement d'une

<hr>

1. PLUT., *Moral.*, 196 B.
2. ISOCR., *Trap.*, 13 ss. LYSIAS, XXIII, 9 ss. DEM. (?) *in Neair.* 40-41, p. 1353 et p. 1361. PLATO, *Leg.*, 914 E.
3. BEAUCHET, II, p. 516.
4. CAILLEMER *in* DAREMBERG et SAGLIO, s. v. Ἐγγύη.
5. LYSIAS. *in Pancl.* 9-12.
6. ISOCR., *Trap.* 14.
7. DEM., (?) *in Neair. loc. cit.*

indemnité qu'on garantissait, on aurait dû cautionner l'*assertor*
et non l'esclave. D'ailleurs dans un document inséré dans ce
même plaidoyer contre Néère[1], l'*assertor* lui-même se trouve
au nombre des cautions : le document est suspect il est vrai,
mais néanmoins nous avons là une présomption en faveur de
notre argument.

Dans l'intervalle l'esclave était traité en homme libre[2].

Or à côté du cautionnement employé dans l'*assertio in libertatem* ou ἀφαίρεσις εἰς ἐλευθερίαν se trouve celui employé
dans la *vindicatio in servitutem* ou réclamation comme
esclave d'une personne libre de fait. Nous ne possédons qu'un
seul texte grec se rapportant à ce genre de cautionnement, et
encore dans celui-là il s'agit de l'affaire de Virginie et Appius
Claudius à Rome. Cependant, vu l'époque et la nationalité de
l'auteur, qui était grec, il est très probable que le principe suivi
a été celui du droit grec, et même celui du droit athénien.

Le principe exposé est le suivant : Ἐγὼ τὸν μὲν νόμον, εἶπεν
(c'est Appius qui parle), οὐκ ἀγνοῶ τὸν ὑπὲρ τῆς ἐγγυήσεως τῶν εἰς
δουλείαν ἀγομένων κείμενον, ὃς οὐκ ἐᾷ παρὰ τοῖς ἀφαιρουμένοις εἶναι τὸ
σῶμα μέχρι δίκης, οὐδὲ καταλύσαιμι ἂν ὃν αὐτὸς ἔγραψα ἑκών[3]. Ce n'é-
tait donc pas le réclamant qui constituait des cautions, mais le
défenseur de la personne réclamée comme esclave.

Il en est de même du cautionnement employé dans la *vindicatio servi* ou revendication d'un esclave, que fait une personne à une autre en alléguant que l'esclave est à elle. Ici aussi
nous ne possédons qu'un seul texte, dans lequel il s'agit de la
loi de Zaleukos à Locres. Deux jeunes gens de Locres, dans la
Grande Grèce, s'étaient disputé pendant longtemps un esclave,
que l'un d'eux venait d'enlever. L'ancien possesseur parvint à
le reprendre, et se présenta alors devant le magistrat, en reven-
diquant le droit de constituer des cautions. Car, dit-il, la loi de
Zaleukos ordonne que celui à qui l'on a enlevé une chose en
garde la possession jusqu'à ce que le tribunal ait rendu son jugement. L'autre avança les mêmes arguments, mais le juge donna
raison au premier[4].

Ici, comme dans le cas précédent, ce n'est pas le réclamant

---

1. § 40.
2. Cf. Beauchet, II, p. 517 et les textes cités plus haut dans la note 2
à la page 52.
3. Dion. Hal. XI, 28 sqq.
4. Polyb., XII, 16 sqq.

qui doit fournir des cautions, mais le détenteur de l'esclave. Or cela se comprend. Dans l'ἀφαίρεσις εἰς ἐλευθερίαν, le réclamant (l'*assertor*) était pour ainsi dire le détenteur de la personne, étant responsable de sa comparution devant le tribunal. C'est donc toujours le même principe que l'on retrouve dans chacun des trois cas, c'est-à-dire que c'était toujours, comme de raison, le détenteur qui devait trouver des cautions[1].

En outre du cautionnement donné dans l'*assertio in libertatem*, dans la *vindicatio in servitutem* et dans la *vindicatio servi*, il faut en noter une quatrième sorte ; c'est le cautionnement que l'on exigeait afin d'assurer la comparution d'un esclave soit pour être mis à la question, soit comme gage. Ainsi dans l'affaire de la mort d'Hérodès, l'accusé reproche à ses adversaires d'avoir mis à mort un esclave qui aurait pu fournir des preuves de son innocence, au lieu de le garder eux-mêmes, ou de le remettre à ses amis sous cautionnement, ou de le livrer aux magistrats[2].

De même un individu qui s'était porté caution pour Apatourios envers une banque, s'était fait consentir par ce dernier la vente à réméré d'un navire et des esclaves de l'équipage. Apatourios essaya ensuite de les dérober. Alors la caution saisit le navire et exigea des cautions pour la comparution des esclaves dans le cas où la vente du navire ne satisferait pas aux exigences de la banque[3].

Il va de soi que, dans ce dernier exemple, le droit d'exiger des cautions provient de ce que les esclaves, ayant été l'objet d'une vente à réméré, étaient par conséquent la propriété de la caution d'Apatourios, et non celle d'Apatourios lui-même.

1. Cf. BEAUCHET, II, p. 514. MEIER-SCHÖMANN-LIPSIUS, p. 674. D. H. R., p. 444.

2. ANTIPH., *De caede Herod.*, 47 : ὃν ἐχρῆν δεδεμένον αὐτοὺς φυλάσσειν, ἢ τοῖς φίλοις τοῖς ἐμοῖς ἐξεγγυῆσαι, ἢ τοῖς ἄρχουσι τοῖς ὑμετέροις παραδοῦναι.

3. DEM., *c. Apat.*, 10, p. 895. Ταῦτα δὲ πράξας κατηγγύησα τοὺς παῖδας, ἵν' εἴ τις ἐκδεία γίγνοιτο, τὰ ἐλλείποντα ἐκ τῶν παίδων εἴη.

M. Dareste nous paraît avoir mal compris ce passage (*Plaidoyers civils de Démosthène*, II, p. 203), puisqu'il le traduit : « Je pris l'engagement de leur remettre au besoin les esclaves », mais cela se serait exprimé, non par κατηγγύησα τοὺς παῖδας, mais plutôt par διηγγυησάμην τοὺς παῖδας.

Il se peut que nous ayons une trace de ce dernier genre de cautionnement dans le lexique de Pollux, où nous lisons (s, v. Εἰς ἐμφανῶν κατάστασιν· ἥν τε δίκη καὶ εἰς ἐμφανῶν κατάστασιν καλουμένη ὁπότέ τις ἐγγυήσαιτο ἢ αὐτόν τινα ἢ τὰ χρήματα οἷον τὰ κλοπαῖα), dont on ne peut tirer aucun sens exact.

Section 2. — Cautionnement *judicatum solvi*.

Le cautionnement *judicatum solvi* a pour objet d'assurer le paiement par le condamné des amendes à lui infligées.

Il faut distinguer :

1. Le cautionnement exigé dès le début du procès.
2. Le cautionnement exigé après jugement.

1. On constituait des cautions dès le début de l'instance dans deux cas :

a) Si un plaideur, ayant perdu son procès par défaut (δίκην ἐρήμην ὀφλεῖν) désirait que la chose fût jugée de nouveau, il devait présenter sa requête dans le délai de dix jours (τὴν μὴ οὖσαν ἀντιγράφειν) et constituer en même temps des cautions pour le paiement de l'amende qu'on lui avait infligée[1].

Cet usage subsistait sans doute aussi dans le cas où celui qui, ayant perdu son procès, avait ensuite intenté avec succès des poursuites pour faux témoignage (ψευδομαρτυρίας δίκη), voulait faire juger de nouveau le premier procès.

Le condamné était obligé sans doute de fournir des cautions pour garantir l'exécution de la première sentence, si celle-ci venait à être confirmée par le tribunal.

Car sans parler du manque de sens juridique des jurés athéniens, il était évidemment possible que le faux témoignage n'eût pas influé sensiblement sur l'issue du premier procès[2].

Il faut remarquer à ce propos que le lexique de Suidas contient une grave erreur. Il est question de ceux qui réclamaient, comme créanciers du condamné, une partie de ses biens, confisqués au profit de l'État, et il est dit : εἰ μέντοι γε παρίστων ἐγγυητὰς τοῦ μὴ ἂν διαψεύσασθαι περὶ τοῦ ὀανείσματος, τοῦτο ἐγγύης καταβολὴν ἔλεγον[3]. Or ce n'est pas du tout la même chose. Il s'agissait seulement du dépôt d'une somme d'argent, et non de la constitu-

---

1. Pollux, *Onom.*, VIII, 60. Ὁπόταν τις — ἐρήμην ὄφλη, ἐξῆν ἐντὸς δέκα ἡμερῶν τὴν μὴ οὖσαν ἀντιγράφειν. Καὶ ἡ ἐρήμη ἐλύετο ὥστ' ἐξ ἀρχῆς ἐλθεῖν ἐπὶ διαιτητήν· εἰ δὲ μὴ ἕλη τὴν μὴ οὖσαν, ὀμόσας μὴ ἑκὼν ἐκλιπεῖν τὴν δίαιταν, κύρια τὰ διαιτηθέντα ἐγίγνετο· ὅθεν ἐγγυητὰς καθίστασαν τοῦ ἐκτίσματος.

2. V. Caillemer *in* Daremberg et Saglio, *s. v.* Ἐγγύη. Meier-Schömann-Lipsius, p. 983.

3. Suidas, s, v. Ἐνεπισκήψασθαι καὶ ἐγγύην καταβαλεῖν. Cf. Etym. Mag. 340, 42.

tion de cautions. Le sens véritable des mots, ἐγγύης καταβολή, suivant Meier, Schömann et Lipsius, est qu'un tiers pouvait faire le dépôt au lieu et pour le compte du réclamant lui-même[1]. C'est peut-être la signification première de la phrase, mais elle avait perdu de sa force et ne signifiait plus que le dépôt d'une garantie en espèces.

b) A côté du cautionnement exigé par la loi, nous trouvons celui fourni par convention entre les deux parties pour garantir l'exécution d'une décision arbitrale privée. C'est ainsi que dans un arbitrage de ce genre ni le cautionné ni la caution n'ayant exécuté la sentence, nous voyons Apatourios poursuivre en justice la personne qui, à ce qu'il prétend, s'est portée caution pour son adversaire. Ce qu'il y a de remarquable, c'est que dans cette affaire la même personne est à la fois caution d'Apatourios et l'assesseur d'arbitre qu'il a choisi[2].

De même Panténète propose à son adversaire de trancher un litige par la mise à la question d'un esclave. Si l'esclave donne raison à Panténète, celui-ci sera considéré comme ayant gagné le procès, sans plus, mais dans le cas contraire, il sera tenu de rembourser à son adversaire le dommage fait à l'esclave. L'adversaire constitue des cautions pour garantir l'observation des conditions, mais nous ne voyons pas qu'il en soit de même pour Panténète[3].

Le cautionnement par convention privée était consigné dans l'acte même.

2) Le cautionnement *judicatum solvi* exigé après jugement

Ce genre de cautionnement a pour objet d'assurer l'exécution de la peine en épargnant la prison au condamné, car dans le droit athénien, l'emprisonnement n'est jamais la peine princi-

---

1. MEIER-SCHÖMANN-LIPSIUS, p. 815, note. BÖCKH-FRÄNKEL, *Die Staatshaushaltung der Athener*, II, 569, p. 81.
Cf. *C. I. A.* II, 777. (Comm. du IVᵉ s. av. J.-C.)

    Λευκόλοφος ἐκ Σαλα[μῖνος τάδε
    ἀπεγράφετο - - -]
      ἐπρίατο - -
  ἐγγύη
  καταβολή ⊢ΔΔΔ⊢⊢.

II s'agit d'un réclamant qui avait perdu son procès et en même temps la somme déposée. Cf. BEKKER, *An. gr.*, I., p. 192-15. Παρακαταβαλεῖν· τὸ διδόναι ἐγγύας ὅτι δικαίως ἀπαιτεῖ.

2. DEM., c. *Apat.*, 15, p. 897.

3. DEM., c. *Pant.*, 40-42, p. 978.

pale, mais seulement le moyen d'en assurer l'exécution, et
encore seulement dans les cas suivants.

a) Pour certains délits, tels que vol dans certaines circonstances, le fait de s'être dérobé au service militaire, ou d'avoir
maltraité ses parents ; la condamnation entraîne alors inévita-
blement de la prison en sus de la peine principale[1].

b) Dans les δίκαι ἐμπορικαί on écrouait le condamné jusqu'à ce
qu'il eût exécuté la décision du tribunal[2].

c) Le tribunal avait toujours le droit d'infliger l'emprisonnement en sus par voie de προστίμησις, qu'on peut traduire littéra-
lement par « évaluation supplémentaire de la peine ». Le
Conseil pouvait en agir de même contre les fermiers des impôts
et des biens de l'État, qui n'avaient pas payé leur redevance au
terme[3]. L'emprisonnement une fois ordonné, soit en vertu de la
loi, soit en vertu d'une décision du Conseil ou du tribunal, il
était dorénavant impossible au condamné de s'y soustraire.

Dans tous les exemples de cautionnement fourni après condamnation, que les orateurs nous ont transmis, il ne s'agit pas
de cautions constituées après que le vote supplémentaire eut
décidé de la peine, mais de cautions qui, après la condamnation, mais avant la προστίμησις, s'engageaient envers le tribunal
ou le Conseil pour le paiement d'une amende, afin d'éviter au
condamné le risque d'une sentence entraînant l'emprisonnement ou la mort. C'est ce qu'offrirent de faire les amis de Socrate[4].

Dans les inscriptions de la marine athénienne, nous trouvons
la mention suivante :

Εὔπολις τῶν σκευῶν προσώφειλεν, ὧν ἔλαβε ἐπὶ τὴν Σάλπιγγα Ἀρισ-
τομάχου ἔργον ˙ℙΔΓⱵⱵⱵⱵ. Τοῦτο ἀναδεξάμενος Φιλόμηλος Χολαργεύς
ἀποδώσειν καὶ εἰσαχθεὶς εἰς τὸ δικαστήριον ὦφλεν διπλοῦν[5]. Ce texte veut
dire que lors de la reddition des comptes des triérarques devant

---

1. DEM., *in Timocr.*, 103, p. 732 ; 113-114, p. 735.
2. DEM., *c. Apat.*, 1, p. 892 ; *c. Lacrit.*, 46, p. 939 ; *in Dionys*, 4, p. 1283.
Dans tous ces passages il s'agit des δίκαι ἐμπορικαί, et on ne fait aucune
mention de la possibilité de se soustraire à l'emprisonnement en constituant des cautions.
3. AR., *Ath. Pol.*, 44. DEM., *Timocr.*, 169, p. 752.
4. PLATO, *Apol.*, 38 c. Cf. DEM., *c. Nicostr.*, 26, p. 1254 ; *c. Onet.* B.
9-11. p. 878.
5. *C. I. A.* II, 804. Aa 60. — Cf. BÖCKH, *Urkunden über das Seewesen*,
p. 225 sqq.

le Conseil, Eupolis ayant été condamné à payer soixante-neuf drachmes au trésor, pour la détérioration des agrès de son navire, Philomélos, afin de lui épargner l'emprisonnement, se porta caution pour le paiement de la somme.

Dans une inscription de Moschonisi on lit dans une liste d'amendes : Ζήνων Φρασισθένειος πρὸς τὰν ἐγγύαν τὰν Ἰροίτα τῶ ἀργυρίω τῶ Ἀσκλαπιάκω κὰτ τὰν καταδίκαν καὶ τὰν ἐπιστόλαν τῶ Ἀλεξάνδρῳ, πρὸς στάτηρας πέντε[1], c'est-à-dire qu'un certain Iroïtas ayant été condamné à payer une amende au temple d'Asclépios, son ami Zénon se porta caution pour le paiement. Le condamné ne s'étant pas exécuté, c'est la caution qui a dû payer les cinq statères. Les mots κὰτ τὰν καταδίκαν καὶ τὰν ἐπιστόλαν τῶ Ἀλεξάνδρω se rapportent, non au paiement effectué par la caution, mais à la condamnation d'Iroïtas, qui a été rendue conformément à un rescrit du roi.

Timocrate avait proposé, il est vrai, une loi permettant aux débiteurs de l'État à Athènes (autres que les fermiers des impôts ou des biens publics) condamnés à la prison, de s'y soustraire en constituant des cautions[2], mais cette loi fut probablement annulée à la suite de la γραφὴ παρανόμων intentée par un certain Diodore[3].

On peut donc dire qu'en ce qui concerne les citoyens, le cautionnement *judicatum solvi* ne tenait pas lieu de la prison, c'est-à-dire qu'il ne garantissait pas la présence de l'accusé, mais seulement l'exécution de la sentence. En outre, le condamné une fois en prison, il n'était pas question de cautionnement, sauf dans un cas dont nous parlerons tout à l'heure.

Quand il n'y avait pas d'emprisonnement à craindre, s'il s'agissait de citoyens, on ne constituait pas de cautions, mais la constitution de cautions était probablement exigée des étrangers, même dans le cas où des citoyens auraient été laissés en liberté. Car les étrangers en général ne possédaient pas de terres ni de maisons sur le territoire attique, de sorte qu'ils auraient pu plus facilement se mettre à l'abri de toute réclamation et de toute peine, sauf en ce qui regardait leur droit de séjour.

Il semble toutefois que les emprisonnés aient pu se faire relâcher pendant les Dionysia et les Panathénæa en fournissant

---

1. I. G. Ins. II. 646 a, 1. 36. (fin du iv° s. av. J.-C.)
2. Dem., *in Timocrat.*, *passim*.
3. V. Argument *ad Timocr.* et le plaidoyer même, § 64.

des cautions qui garantissent leur rentrée en prison après les fêtes[1].

La peine de mort entraînait d'ordinaire l'emprisonnement jusqu'à l'exécution de la peine, mais d'après un passage de Platon, il paraît que l'on pouvait obtenir des juges la mise en liberté provisoire du condamné. Cela n'a d'ailleurs rien d'étonnant, car les juges qui, par une προστίμησις avaient condamné à mort Socrate[2], par exemple, avaient évidemment la faculté d'adoucir les conditions de la peine, sans déroger pour cela aux règles du droit.

Quand c'était la loi elle-même qui prescrivait la peine de mort, il semble que le cautionnement ait été absolument interdit. Mais dans ce dernier cas il n'y avait pas de προστίμησις, ni lieu par conséquent d'adoucir la peine.

Or Platon, dans sa république idéale, reconnaît que le cautionnement peut être substitué légalement à la prison, et en traitant des amendes, afin de garantir la sécurité des κλῆροι ou lots dans son État, il ordonne que si une amende est infligée au propriétaire on ne pourra affecter au paiement que l'excédent de la valeur totale de ses biens sur la valeur du lot. Si l'excédent ne suffit pas, on jettera le condamné en prison, à moins qu'il ne trouve des amis pour le cautionner[3].

Quant aux villes autres qu'Athènes, rappelons que nous avons déjà cité le texte de Moschonisi. D'autre part Nicolas de Damas nous apprend qu'il y avait autrefois une loi à Corinthe, qui ordonnait la mise en prison par le polémarque de ceux qui avaient été condamnés à l'amende. C'était à ce dernier que revenait une partie de ces amendes. Mais Cypselus changea tout cela, et au lieu de punir les condamnés de prison, les mit en liberté, les uns comme étant cautionnés par des tierces personnes, et les autres en se portant lui-même garant pour eux. Il remit en outre à tous la partie des amendes qui lui revenait[4].

---

1. Schol. *ad Dem. in Androt.*, 23, p. 614, s. v. Ἐξορχησάμενος Διονυσίων.

2. PLATO, *Phaedo*, 115 D. Ἐγγυήσασθ'οὖν με πρὸς Κρίτωνα τὴν ἐναντίαν ἐγγύην ἢ ἣν οὗτος πρὸς τοὺς δικαστὰς ἠγγυᾶτο. Οὗτος μὲν γὰρ ἦ μὴν παραμενεῖν· ὑμεῖς δ'ἦ μὴν μὴ παραμενεῖν ἐγγυήσασθε ἐπειδὰν ἀποθάνω, ἀλλὰ οἰχήσεσθαι ἀπιόντα.

3. PLATO, *Leg.* 855 B. — Ἂν ἦ τι τῶν τοῦ κλήρου κατεσκευασμένου περιττεῦον μέχρι τοσούτου ζημιωθέντα τὸ δὲ πλέον μή — — ζημίας δὲ ἄν τις πλέονος ἄξιος εἶναι δοκῇ, ἐὰν ἄρα μή τινες ἐθέλωσιν αὐτὸν τῶν φίλων ἐγγυᾶσθαί τε καὶ ξυνεκτίνοντες ἀπελευθεροῦν, δεσμοῖς τε χρονίοις καὶ ἐμφανέσι καί τισι προπηλακισμοῖς κολάζειν κ.τ.λ.

4. NICOLAS DAMASC., *in* Didot *Fragm. Hist. Gr.* III, p. 392.

Enfin nous ajouterons deux cas de cautionnement quasi-judiciaire.

A propos des fontaines de Palici, en Sicile, Aristote nous apprend que l'on se servait de ces fontaines comme moyens de trancher les litiges. On inscrivait le serment prêté par l'une des parties sur une planchette en bois, qu'on jetait ensuite dans la fontaine, et si elle surnageait, on y voyait la preuve que celui qui avait prêté serment etait de bonne foi; sinon on s'emparait de sa personne et on le vendait comme esclave. Le prêtre avait soin cependant d'en exiger des cautions auparavant, en garantie de la purification de la fontaine souillée par le parjure[1].

Dans une des satires de Lucien, le tyran Mégapenthès offre à Clotho, qui veut le faire embarquer sur le Styx, une caution pour garantir son retour dans un bref délai, si elle veut bien lui permettre de retourner chez lui arranger ses affaires[2].

SECTION 3. — **Les sanctions et la durée du cautionnement en matière judiciaire :**
le magistrat et le nombre des cautions.

A. *Les sanctions.*

Dans le cautionnement *judicio sistendi causa*, si l'accusé, après avoir constitué des cautions, ne comparaissait pas au jour fixé, les cautions étaient passibles de la peine qu'aurait encourue le cautionné même.

Ainsi nous lisons ce qui suit au sujet de Mantithéos et Aphepsion : Ἐπειδὴ τοὺς ἐγγυητὰς κατέστησαν, ἐπὶ τοὺς ἵππους ἀναβάντες ᾤχοντο εἰς τοὺς πολεμίους αὐτομολήσαντες, καταλιπόντες τοὺς ἐγγυητὰς, οὓς ἔδει ἐν τοῖς αὐτοῖς ἐνέχεσθαι ἐν οἷσπερ οὓς ἠγγυήσαντο[3]. C'était là sans doute le mobile qui poussa les cautions d'Agoratus qui, en lui conseillant la fuite, voulaient s'enfuir aussi[4].

---

1. ARIST. (?), Περὶ θαυμασίων ἀκουσμάτων 834 b 16. Ἐὰν μὲν οὖν εὐορκῇ ἐπιπολάζει τὸ πινακίδιον· ἐὰν δὲ μὴ εὐορκῇ τὸ μὲν πινακίδιον βαρὺ γενόμενον ἀφανίζεσθαί φασι, τὸν δὲ ἄνθρωπον πίμπρασθαι· διὸ δὴ λαμβάνειν τὸν ἱερέα παρ'αὐτοῦ ἐγγύας ὑπὲρ τοῦ καθαίρειν τὸ ἱερόν. V. les passages parallèles, que nous avons cités dans la *Revue de Philologie* 1899, p. 270 ss.

2. LUCIAN., Κατάπλοῦς 16 : καὶ μὴν ἐγγυητὰς ὑμῖν ἕτοιμος παρασχέσθαι τοῦ τάχους καὶ τῆς ἐπανόδου.

3. ANDOCID., *De Myst.*, 44.

4. LYSIAS, *in Agorat.*, 28.

Pour s'assurer contre tout risque, les cautions auraient eu, d'après un texte de Xénophon, le droit d'emprisonner le cautionné. C'est ce que firent les cautions des démagogues, qui avaient obtenu la condamnation à mort des stratèges qui avaient commandé dans la bataille des Arginuses[1].

Il en était peut-être de même des cautions en matière d'adultère, quoique ce ne fussent plus des cautions légales proprement dites. Car la loi exigeait, si les réclamations du prétendu coupable contre le mari, qui l'avait séquestré, n'étaient pas bien fondées, que les cautions le livrassent à ce dernier[2]. Pour que cela fût possible le cas échéant, il fallait nécessairement qu'elles l'eussent en leur pouvoir.

Or l'argument qu'on peut tirer du texte de Xénophon est suspect à cause des circonstances du temps et du caractère amical du lien qui unissait les cautions à leurs cautionnés. Une telle contrainte par corps a dû être très rare et n'était mise en pratique probablement qu'avec le consentement du cautionné lui-même. Il est même probable que ce dernier ne s'y prêtait que s'il lui avait été impossible de trouver des cautions autrement.

L'idée que les cautions encouraient, dans certains cas, la peine de mort a choqué certains critiques, mais l'idée même est fausse. Dans le passage d'Andocide qu'on a cité à ce propos[3], le cautionné, qui s'enfuit, n'avait pas encore été condamné. Donc les juges avaient évidemment un pouvoir discrétionnaire, c'est-à-dire le droit, mais non l'obligation légale, de condamner les cautions à mort.

Les cautions *judicatum solvi*, sauf dans l'arbitrage privé, devenaient les débiteurs de l'État, et comme tels étaient frappées d'atimie et passibles d'emprisonnement. Si à la neuvième prytanie suivante la dette n'avait pas encore été payée, on doublait l'amende et on vendait leurs biens au profit de l'État[4].

B. *La durée du cautionnement en matière judiciaire.*

Nous avons dit que le passage de Démosthène[5], cité par nous à propos de la durée du cautionnement, se rapportait au cau-

1. Xén., *Hell.* I. vii, 35.
2. V. *supra*. Ch. II, § vi, Adultère.
3. Andocid., *De Myst.*, 44.
4. *Ibid.*, § 73. Cf. *C. I. A.* II, 804 A. a. *cit. supra.*
5. Dem., c. *Apat.*, 27, p. 901. Ch. I. g. *supra.*

tionnement *judicatum solvi*. Bien plus, il se rapporte, à notre avis, au cautionnement *judicatum solvi*, fourni, avant le début du procès[1], par les parties, dans un arbitrage en matière commerciale.

Dans les procès ordinaires nous ne voyons aucune raison pour que la durée de la garantie ait été limitée à un an dans le cautionnement en matière judiciaire.

Les affaires commerciales étaient l'objet de règlements qui leur étaient propres, et avaient un caractère d'urgence tout à fait spécial. Dans les procès devant les juges l'emprisonnement était inévitable tant que l'amende n'avait pas été payée.

Nous croyons donc que la loi citée par l'orateur ne s'appliquait qu'au genre de cautionnement dont il était question dans le procès auquel se rapporte le plaidoyer de Démosthène.

c. *Le magistrat.*

C'est évidemment devant le magistrat compétent dans l'affaire que devait avoir lieu la constitution de cautions. Ceci est vrai non seulement des cautions destinées à assurer la comparution d'une des parties ou l'exécution de la sentence, mais aussi de celles qui répondaient de la production d'un esclave pour être mis à la question, ou dont on voulait simplement recueillir le témoignage[2].

On a dit au sujet de l'ἀφαίρεσις εἰς ἐλευθερίαν que c'était devant l'archonte éponyme que se fournissait le cautionnement, quand l'individu à libérer était censé être un citoyen, et devant le polémarque s'il était considéré comme un étranger[3].

Nous n'avons d'une part aucun texte où il soit question du polémarque et d'un soi-disant citoyen, et de l'autre, nous n'en avons pas non plus qui fasse mention d'un soi-disant citoyen et de l'archonte éponyme.

---

1. Quant au cautionnement fourni après condamnation, nous avons déjà vu que ce n'était pas un cautionnement légal proprement dit, mais le résultat d'une transaction conclue, soit entre le demandeur et le défendeur devant le tribunal, soit entre le prévenu et l'État (v. *supra* ch. III, section 2, II c.) Or, dans ce cas, la durée du cautionnement dépendait évidemment des termes de chaque transaction.

2. ANTIPH., *De caede Herod.*, 47. Sur l'esclave comme témoin dans les procès de meurtre. V. GILBERT, *Staatsaltertümer*, I, p. 189 et les auteurs cités.

3. CAILLEMER *in* DAREMBERG et SAGLIO *s. v.* Ἀφαίρεσις. BEAUCHET, II, p. 516.

Nous inclinons cependant à croire que c'était toujours devant le polémarque que cette formalité avait lieu [1] ; car en fait l'état civil de la personne était toujours le même, et il faut remarquer aussi qu'il ne s'agissait pas de savoir si la personne était un citoyen ou un étranger, mais de savoir si elle était libre ou esclave, ce qui est indiqué par la désignation même de la procédure, ἀφαίρεσις εἰς ἐλευθερίαν, enlèvement pour liberté [2].

La question à trancher étant toujours la même, il faut croire que le tribunal était aussi toujours le même.

D. *Le nombre des cautions.*

Les cautions en matière criminelle étaient, pour les citoyens, toujours au nombre de trois [3].

Quand il s'agissait de cautionner des métèques ou des étrangers, on suivait souvent cette règle [4], mais pas toujours. Par exemple, l'étranger dont parle Antiphon dans son plaidoyer sur l'affaire d'Hérodès se voit refuser la permission de constituer des cautions [5]. Autre exemple : un métèque accusé devant le Conseil ne constitue qu'une caution de sept talents [6]. Le nombre de cautions dans l'ἀφαίρεσις εἰς ἐλευθερίαν était laissé à la discrétion du magistrat. Dans un acte inséré dans le plaidoyer contre Néère nous trouvons cependant les noms de trois cautions [7], nombre prescrit d'ailleurs par Platon [8].

Du premier document, même s'il est authentique, on ne peut tirer aucune conclusion valable en général, et le texte de Platon ne prouve rien, en ce qui concerne le droit athénien, tandis qu'un texte d'Isocrate [9], où il ne s'agit que d'une seule caution, nous paraît décisif. C'était donc au polémarque qu'il appartenait de fixer le nombre des cautions [10]. Il en était de même des

---

1. V. MEIER-SCHÖMANN-LIPSIUS, p. 659.
2. Cf. ISOCR., *Trap.* 14 : ἀφηρεῖτ'αὐτὸν ὡς ἐλεύθερον ὄντα.
3. DEM., *in Timocr.*, 144 p. 745. ANTIPHO, *De caede Herod.*, 17. Cf. PLATO, *Leges*, 871 E.
4. ANTIPHO, *loc. cit.*
5. *Ibid.*
6. ISOCR., *Trap.*, 42.
7. DEM. (?), *in Neair.*, 40, p. 1358.
8. PLATO, *Leg.*, 914 E.
9. ISOCR., *Trap.*, 14.
10. V. *supra*, ch. III, § 3. C. Pour la thèse contraire, v. BEAUCHET, II, p. 516.

procès civils des métèques jugés devant le polémarque[1] : la constitution de cautions et leur nombre étaient à la discrétion de celui-ci. Ainsi dans un passage d'Isocrate[2] le nombre des cautions n'est pas mentionné, mais seulement le montant du cautionnement.

Il est à remarquer que dans les cas de cautionnement de métèque, lorsqu'on ne parle pas de trois cautions, on mentionne la somme pour laquelle les cautions se constituent. Dans une affaire criminelle, par exemple, nous lisons ἐγγυητὴς ἑπτὰ ταλάντων[3] et dans une affaire civile ἐξ ταλάντων ἐγγυητάς[4]. Encore dans une ἀφαίρεσις εἰς ἐλευθερίαν nous trouvons une caution pour sept talents[5].

Cela tient à ce que dans tous les trois cas, il est question au fond d'une somme réclamée ou d'une valeur quelconque, et le montant du cautionnement s'y rapporte.

1. ARIST., *Ath. Pol.*, 58.
2. ISOCR., *Trap.*, 12.
3. *Ibid.*, 43.
4. *Ibid.*, 12.
5. *Ibid.*, 14.

CHAPITRE IV

LE CAUTIONNEMENT POLITIQUE

Le cautionnement en matière politique se divise en deux
sortes :
1. — Le cautionnement en matière de politique intérieure.
2. — Le cautionnement en matière de politique extérieure.

1. — LE CAUTIONNEMENT EN MATIÈRE DE POLITIQUE INTÉRIEURE.

De ce genre de cautionnement nous ne possédons qu'un seul
exemple, celui dont parle Aristote dans le texte suivant[1] :
ἡροῦντο — στρατηγοὺς δὲ καὶ ἱππάρχους οὐσίαν ἀποφαίνοντας οὐκ ἔλαττον
ἢ ἑκατὸν μνῶν ἐλευθέραν, καὶ παῖδας ἐκ γαμετῆς γυναικὸς γνησίους ὑπὲρ
δέκα ἔτη γεγονότας · τούτους δ'ἔδει διεγγυᾶν τοὺς πρυτάνεις καὶ τοὺς
στρατηγοὺς καὶ τοὺς ἱππάρχους τοὺς ἔνους μέχρι εὐθυνῶν, ἐγγυητὰς δ' ἐκ
τοῦ αὐτοῦ τέλους δεχομένους, οὔπερ οἱ στρατηγοὶ καὶ οἱ ἵππαρχοι.

L'explication du texte a été beaucoup simplifiée par les leçons
διεγγυᾶν et δεχομένους que Blass a adoptées définitivement dans sa
dernière édition de la Constitution d'Athènes. Nous traduirons
donc ainsi :

« On élisait des stratèges et des hipparques qui faisaient
preuve de la possession de biens-fonds de la valeur de cent
mines au moins, libres de toute charge, et qui avaient des
enfants légitimes au-dessus de l'âge de dix ans issus d'une
femme épousée en justes noces. Les prytanes, les stratèges et
les hipparques sortants devaient exiger des nouveaux élus la
constitution de quatre cautions, qui seraient responsables

---

1. ARIST., *Ath. Pol.*, IV, 2. Nous donnons les restitutions de Blass.

jusqu'à la reddition des comptes de ceux-ci, et qui seraient du même cens que les stratèges et les hipparques. » C'est la seule interprétation qui ait vraiment du sens. On a proposé bien d'autres leçons, mais celle que nous donnons paraît presque certaine. Du reste elle permet une interprétation compréhensible, tandis que les autres interprétations sont soit impossibles soit très forcées.

Il n'y a qu'une difficulté de détail, c'est que dans la langue juridique d'Athènes le fait d'exiger des cautions de quelqu'un se traduit par κατεγγυᾶν et non par διεγγυᾶν. Or la leçon κατεγγυᾶν n'est pas admissible ici. Cependant on peut justifier le sens du mot διεγγυᾶν que nous avons admis, en rapprochant de notre texte une inscription d'Étolie[1], où le mot διεγγυᾶν paraît signifier « exiger des cautions » ou bien « saisir des gages. »

Quel était l'objet de ce cautionnement ?

L'explication hypothétique qu'en donne Gilbert[2] nous paraît excellente. L'État, à l'époque dont il s'agit, n'aurait pas tenu un registre des fortunes privées. On n'aurait connu par conséquent que la fortune des familles des Pentakosiomedimnoi, qui, avant Dracon, avaient seules pris part au gouvernement, d'une part ; et de l'autre la situation des personnes appartenant à la plus basse classe, qui n'avaient pas les moyens de s'armer en hoplite. Il aurait donc été difficile de constater l'état d'une fortune de cent mines, par exemple, libre d'hypothèque au moment des élections. La nécessité s'imposait donc d'avoir des cautions pour répondre de la possession d'une pareille fortune par les nouveaux élus, jusqu'à la fin de leur année de fonctions, et la reddition de leurs comptes.

2. — LE CAUTIONNEMENT DANS LA POLITIQUE EXTÉRIEURE.

Pour plus de clarté nous allons diviser ce genre de cautionnement à son tour en deux sortes.

A. — Le cautionnement dans la proxénie.

B. — Le cautionnement international en général.

---

1. *B. C. H.* V, 372, l. 20. (= MICHEL 291). Εἰ δέ τίς κα ἄγηι ἢ ῥυσιάξηι ἢ ἀποβιάξαιτο ἢ διεγγυάσηι (1ᵉ moitié du IIᵉ s. av. J. C.) V. le commentaire *ad loc.*

2. GILBERT, *Staatsaltertümer*, I, p. 182-3.

A. — *Le cautionnement dans la proxénie.*

La proxénie était très répandue dans toute la Grèce, où elle jouait, à plusieurs points de vue, le même rôle que les consulats modernes. Cette institution se prêtait fort bien à l'emploi du cautionnement, surtout dans la Grèce du Nord. Nous trouvons des exemples de ce cautionnement dans les décrets de proxénie en Thessalie, à Hypata[1] surtout, et aussi à Halos[2], Lamia[3], Thèbes[4], Thaumaces[5] ; en Acarnanie à Stratos[6] ; en Etolie[7] ; en Béotie[8] ; dans la Phocide[9] ; dans la Locride Orientale à Opus[10] ; et enfin à Héraclée des Maliens[11].

Il n'y a le plus souvent qu'une seule caution, mais le chiffre varie et on ne peut en dégager aucune règle.

Quelle était leur responsabilité, et par qui étaient-elles constituées ? Par l'État sans doute et envers le proxène, car très souvent les ἔγγυοι étaient des magistrats de la ville ou de la confédération qui conférait la proxénie.

Ainsi dans les décrets de proxénie des Ænianes, les Αἰνιάρχαι, c'est-à-dire les magistrats de la confédération, sont au nombre des ἔγγυοι[12].

Dans une inscription de même origine, rapportée par Le Bas[13], nous lisons ce passage : Ἔγγυοι τᾶς προξενίας κατὰ τὸν νόμον οἱ [...] εαρχον ΥΕΣΟ. ΟΔΑΜΟΣΙΕΡΕΚΡΑΤΕ κ.τ.λ. que Monceaux[14] a restitué comme suit, οἵ τε ἄρχοντες καὶ ὁ δᾶμος, mais il nous paraît bien plus probable qu'il s'agit des noms des magistrats. Nous

---

1. *B. C. H.*, XV, p. 327 sq. (IIe s. av. J.-C.) — LE BAS-FOUCART, II, 1114 a. b : 1115 (IIe s. av. J.-C.). CAUER, 383-4. (IIe s. av. J.-C.)

2. MICHEL, 300 (IIe s. av. J.-C.).

3. MICHEL, 294-7 (IVe, IIIe, IIe s. av. J.-C.).

4. *Ibid.*, 301 (fin du IVe s. av. J.-C.).

5. *Ibid.*, 298-9 *C. I. G.* 1772-3. (IIIe et IIe s. av. J.-C.).

6. *Ibid.*, 310 (Ve s. av. J.-C.).

7. *Ibid.* 291 (IIe s. av. J.-C.).

8. *B. C. H.*, IX, p. 428 (IIe s. ?).

9. A Ambryssos, à Anticyre, à Élatée (MICHEL, 279, 280, 282, et *C. I. G. S.*, III, 2.) ; à Tithronion (*B. C. H.*, V, p. 44 sqq.); tous du IIIe et IIe s. av. J. C.

10. *C. I. G. S.*, III 268 sqq. (IIe s. av. J.-C.)

11. STEPHANI, N° 33. *Reise durch einige Gegenden des nördlichen Griechenlands.* Leipzig, 1843, cité par MONCEAUX, *Les proxénies grecques*, p. 54 (du IIe s. av. J.-C. ?)

12. *B. C. H.*, XV. p. 327., ss. CAUER, 383.

13. LE BAS-FOUCART, 1115.

14. MONCEAUX, *Les proxénies grecques*, p. 54.

proposons donc de mettre οἳ τ[ε] ἄρχοντες Θεόδαμος Φερεκράτιος en nous appuyant sur un autre décret de ces mêmes Ænianes, où nous trouvons Ἔγγυοι τᾶς προξενίας κατὰ τὸν νόμον οἵ τε Αἰνιάρχαι Ἄγις κ. τ. λ[1].

D'autre part, dans un décret de la confédération Étolienne conférant la proxénie aux théores de Pergame, il est dit: Ἔγγυος τῶν προξενιῶν ὁ γραμματεύς[2].

D'ailleurs, la ville qui conférait la proxénie à un citoyen d'une autre ville lui accordait très souvent en même temps des privilèges, tels que l'ἔγκτησις ou droit de posséder des immeubles sur son territoire, ou l'ἀσυλία qui le garantissait contre ses corsaires. Parfois on faisait bien mieux. La ville de Corcyre, par exemple, acheta des terrains et des maisons pour ses proxènes, et leur en donna l'usufruit[3].

Le rôle des cautions a dû être alors de garantir aux proxènes la jouissance de ces biens.

Il est même parfois question d'une loi qui exigeait la constitution de cautions et qui réglait les rapports de ces dernières avec les proxènes, comme chez les Ænianes par exemple, où la formule κατὰ τὸν νόμον ἔγγυοι τᾶς προξενίας est des plus fréquentes[4].

On a dit que la caution répondait aussi de l'accomplissement par le proxène de ses devoirs envers la ville, et l'on a cité plusieurs textes à l'appui de cette hypothèse[5].

Mais nous ne croyons pas que le personnage dont il s'agit dans ces textes soit une caution dans le vrai sens du mot. Sans doute le parrain du proxène, celui qui proposait le décret, se rendait par là moralement responsable de l'attitude amicale et du zèle de son protégé, mais c'était tout; on ne trouve nulle part à ce propos le mot ἐγγυητής dans les textes.

L'ἐγγυητής, au contraire avait des devoirs très précis. C'était à

---

1. CAUER 383. La reconstitution du texte de Le Bas-Foucart (*loc. cit.*) οἱ ἐννεάρχοντες nous paraît peu vraisemblable, puisque les magistrats éponymes de cette confédération étaient d'ordinaire au nombre de cinq. Si l'espace vide est plus grand que nous l'avons supposé, nous mettrons οἱ Αἰνιαρχέοντες, mais la première restitution, telle que nous l'avons donnée, s'accorde mieux avec ce qui nous reste du texte.

2. *S. I. G.*, 295 = CAUER, 236.

3. *C. I. G. S.* III., 693 (IIIme s. av. J.-C.). Τάδε ἐπρίατο ἀ πόλις τοῖς προξένοις καρπεύειν ὅσα ἐπιτάδειει ὦντι à la suite d'une liste de proxènes et de biens-fonds à eux assignés.

4. CAUER, 383-4. LE BAS-FOUCART, 1114-1115.

5. E. g. ÆSCH , *De Co*., 65. DINARCH., *in Dem.*, 36 et 43. HYPÉRID., *in Dem*, p. 14. et des inscriptions. V. MONCEAUX, *op. cit.*, p. 53.

lui de soutenir le proxène, et de l'aider à réclamer ses droits et privilèges, soit à la ville, soit à des particuliers.

B. *Le cautionnement international en général.*

Outre la proxénie, le cautionnement international était surtout employé dans le but de garantir l'exécution de la décision d'une ville arbitre, ou d'un tribunal commun. Quand il s'agissait d'assurer la comparution d'un prévenu devant un tribunal de cette sorte, c'était également au cautionnement international que l'on avait recours.

Cet usage semble avoir été très répandu, en Crète surtout. Ainsi nous voyons dans cette île, vers la fin du IIIe siècle, deux villes, Hiérapytna et Priansos, conclure un traité en renouvellement d'une alliance interrompue : dans ce traité, il est stipulé que les cosmes des deux villes porteront devant un tribunal commun tous les litiges survenus dans l'intervalle, et les feront régler avant d'arriver au terme de leurs fonctions. Ils devront en outre constituer des cautions dans le délai d'un mois à dater de la publication du traité pour garantir la mise à exécution de cette stipulation. De même, à l'avenir, chaque fois qu'on aura recours à l'arbitrage d'une tierce ville, d'une ἔκκλητος πόλις, les cosmes la choisiront et mèneront l'affaire à bout pendant leur charge, en constituant, dans les deux mois après leur entrée en fonctions, des cautions pour l'accomplissement de ce devoir[1].

Nous trouvons, également en Crète, un autre traité conclu entre deux villes, Lato et Olus, qui conviennent de soumettre leurs litiges à l'arbitrage de la ville de Cnosos. Chacune des deux villes devra constituer des cautions pour la somme de dix talents d'Alexandre. Ces cautions seront des citoyens de Cnosos, et elles garantiront l'exécution par chacune des parties de la sentence de la ville arbitre. Si l'une des parties ne remplit pas cette obligation, ce sont ces cautions qui devront verser le

---

1. Cauer 119 (= Michel 16. IIIe s. av. J.-C.), l. 58 sqq. Ὑπὲρ δὲ τῶν προγεγονότων παρ' ἑκατέροις ἀδικημάτων, ἀφ' ὦ τὸ κοινοδίκιον ἀπέλιπε χρόνω, ποιησάσθων τὰν διεξαγωγὰν οἱ σὺν Ἐνίπαντι καὶ Νέωνι κόσμοι — καὶ τὸς ἐγγύος καταστασάντων ὑπὲρ τούτων, ἀφ' ἇς κα ἁμέρας ἁ στάλα τεθῆι ἐμ μηνί. Ὑπὲρ δὲ τῶν ὕστερον ἐγγινομένων ἀδικημάτων προδίκωι μὲν χρήσθων καθὼς τὸ διάγραμμα ἔχει· περὶ δὲ τῶ δικαστηρίω οἱ ἐπιστάμενοι κατ' ἐνιαυτὸν παρ' ἑκατέροις κόσμοι πόλιν στανυέσθων — καὶ ἐγγύος καθιστάντων, ἀφ' ἇς κα ἁμέρας ἐπιστᾶντι ἐπὶ τὸ ἀρχεῖον ἐν διμήνωι.

montant de l'amende entre les mains des cosmes de Cnosos, pour être payé ensuite a la partie adverse[1].

A côté de ce cautionnement *judicatum solvi* international donné par chacune des parties adverses au profit de l'autre, nous voyons aussi une ville se porter caution *judicio sistendi causa* pour des individus.

Ainsi, dans l'année 362 avant J.-C., pendant les fêtes qui eurent lieu à Tégée à l'occasion de la paix entre les Arcadiens et les Éléens, l'harmoste Thébain dans cette ville avait fait saisir nombre de personnes appartenant au parti Lacédémonien, et parmi elles plusieurs Mantinéens. A cette nouvelle la ville de Mantinée envoya le lendemain des hérauts à Tégée pour réclamer la mise en liberté de ses citoyens, et demanda en même temps qu'on n'emprisonnât et qu'on n'exécutât personne sans jugement, en engageant la ville même comme caution pour la comparution de tout accusé devant l'assemblée générale des Arcadiens[2].

Dans un autre genre, on trouve des cautions mentionnées à côté des otages fournis par une ville après sa prise. Dans une inscription où il s'agit de la réintégration dans l'alliance athénienne de la ville de Selymbria, qui s'en était séparée, et qui avait été reprise par Alcibiade, se trouve un décret proposé par le vainqueur même, et contenant la stipulation suivante :
καὶ ἐξαλεῖψαι τὰ ὀνόματα τῶν ὁμήρων τῶν Σελυμβριανῶν καὶ τῶν ἐγγυη-
τῶν εἶναι κύριον τὸν γραμματέα τῆς βουλῆς, ὁπόσοι εἰσὶ γεγραμμένοι
κ.τ.λ.[3]

Or les cautions, dont il est question ici, ne peuvent être que des citoyens d'Athènes ; des citoyens de la ville de Selymbria

---

1. CAUER 120 (= MICHEL 28), l. 32 ss., 2ᵉ moitié du IIᵉ s. av. J.-C. Ἔγγυος δὲ καταστασάντων ἐν ἁμέραις εἴκοσι Κνωσίος διὰ τῶ Κνωσοῖ χρεωφυλακίω ὑπὲρ τούτω τῶ ἐγγράφω ὅ τε Λάτιοι καὶ οἱ Ὀλόντιοι τοῖς Κνωσίοις ἑκάτεροι ἀργυρίω Ἀλεξανδρείων ταλάντων δέκα, ἐφ' ὧι ἐμμενίοντι ἐν τούτωι τῶι ἐγγράφωι καὶ ἐν τοῖς κριθέντι ὑπὸ τᾶς πόλεος. Ὁπότεροι δὲ μὴ ἐμμένοιεν τὰν πρᾶξιν ἦμεν ἐκ τῶν ἐγγύων, καὶ οἱ τῶν Κνωσίων κόσμοι πράξαντες ἀποδόντων τοῖς ἐμμένονσι, καὶ πάντως ἔστω τὰ κριθέντα κύρια. Ἔντων δὲ οἱ ἔγγυοι μέστα καὶ ἁ κρίσις ἐπιτελεσθῆι καὶ ἀγγραφῆι. — Les Cosmes formaient un collège, dont le président était le magistrat éponyme de l'année, et qui existait dans presque toutes les villes de la Crète.

2. XEN., *Hell.*, VII, IV, 38. Εἰ δὲ καί τινας ἐπαιτιῷντο, ἔλεγον ἐπαγγέλλοντες, ὅτι ἡ τῶν Μαντινέων πόλις ἐγγυῷτο ἦ μὴν παρέξειν εἰς τὸ κοινὸν τῶν Ἀρκάδων ὁπόσους τις προσκαλοῖτο.

3. *C. I. A.*, IV, I, 61 a., p. 18. (408 av. J.-C.) — Nous avons admis la restitution Ἀλ]κιβ[ιάδη]ς en tête du décret.

n'auraient eu que peu de valeur comme cautions. La ville
aurait donc donné comme otages certains de ses propres
citoyens, et elle aurait constitué en même temps des cautions
choisies parmi les citoyens de la ville conquérante. Pour appuyer cette interprétation on pourrait, au besoin, citer l'exemple des cautions athéniennes fournies par la ville de Chalcis
pour garantir la restitution en bon état des navires prêtés par
Athènes [1].

Un autre cautionnement international très en usage était
celui exigé des prisonniers de guerre pour le paiement de leur
rançon. Démosthène parle des prisonniers à la cour de Philippe,
qui s'étaient fait mettre en liberté, en constituant des cautions [2].

Autre exemple : Les Corinthiens eurent l'habileté de renvoyer
les prisonniers Corcyréens, pris dans les batailles navales
livrées près d'Épidamne, sous prétexte que leurs proxènes
s'étaient portés cautions pour le paiement d'une rançon de huit
cents talents, mais en réalité, comme le fait remarquer Thu-
cydide, pour effectuer par l'entremise des rapatriés la soumis-
sion de Corcyre [3].

Encore un exemple : Leptine, frère de Denys le Tyran, com-
mandait la flotte qui devait coopérer avec les Lucaniens contre
les Thuriens. Après une défaite sanglante infligée à ces derniers, Leptine engagea ses alliés à mettre en liberté leurs prisonniers moyennant une rançon d'une mine d'or par tête, et il
s'offrit en même temps à en garantir le paiement [4]. -

De ce cautionnement en garantie de la rançon de prisonniers
de guerre on pourrait rapprocher un passage d'un décret des
Étoliens conférant l'inviolabilité au temple d'Athéna Niképho-
ros : εἰ δέ τίς κα ἄγῃ ΄ ἢ ῥυσιάξῃ ἢ ἀποβιάξαιτο ἢ διεγγυάσῃι, ὑπόδικον
εἶμεν ἐν τοῖς συνέδροις κ.τ.λ. De ce passage M. Haussoullier donne

1. V. *supra*, ch. II, § 3.
2. DÉM., *De falsa leg.*, 69, p. 394. Ἔνιοι τῶν ἑαλωκότων, ὅσοι ἦσαν ἐξηγγυη-
μένοι κ.τ.λ. — Cf. BEKKER, *An. Gr.*, I, p. 38. Ἐξεγγυήσασθαι — σημαίνει δὲ
τὸ ἐγγυητὰς δεδωκέναι ὑπὲρ τῆς τοῦ σώματος ἀσφαλείας τοῦ ἰδίου· Δημοσθένης ἐν
τῷ τῆς παραπρεσβείας. La définition se rapporte évidemment au passage
de Démosthène, et non au mot ἐξεγγυήσασθαι, qui ne pourrait jamais
signifier « fournir des cautions », mais « se porter caution. »
3. THUC., III, 70. Τῷ μὲν λόγῳ ὀκτακοσίων ταλάντων τοῖς προξένοις διηγγυη-
μένοι, ἔργῳ δὲ πεπεισμένοι Κορινθίοις Κέρκυραν προσποιῆσαι.
4. DIOD., XIV, 102. 3. Ὁ μὲν οὖν Λεπτίνης ἔπεισε τοὺς Λευκανοὺς ὑπὲρ
ἑκάστου τῶν αἰχμαλώτων λαβεῖν ἀργυρίου μνᾶν — γενόμενος δὲ τῶν χρημάτων
ἐγγυητής.

la traduction suivante : « Si quelqu'un y fait un enlèvement, ou une saisie, ou y exerce des violences, ou y prend des gages, qu'il puisse être accusé devant les synèdres[1]. »

Il s'agissait, on le voit, de quelque chose comme des représailles. Si un Étolien ne pouvait se faire payer ou rembourser ce qu'on lui devait, il n'avait qu'à se rendre au temple et y saisir, à titre de gages, des biens appartenant à son adversaire. Ces façons de procéder auraient porté quelque peu atteinte au caractère sacro-saint de l'enceinte de la déesse, et se trouvent ainsi condamnées, de même que plusieurs autres, par les auteurs du décret. Il semble difficile de traduire διεγγυάσηι par la phrase « exiger un cautionnement », bien que le sens de cette phrase soit compris dans celui du mot grec ; c'est-à-dire que celui qui avait saisi des gages pouvait, avant de s'en dessaisir, exiger des cautions pour le paiement de la dette que ces gages devaient garantir.

Enfin, dans une lettre de Marc Antoine à la ville d'Aphrodisias en Carie conférant, conformément aux écrits laissés par César, certains privilèges à cette ville, nous lisons : τῶι τε δικαίωι καὶ ταῖς κρίσεσιν ταῖς ἰδίαις τὴν πόλιν τὴν Πλαράσεων καὶ 'Αφροδεισιέων χρῆσθαι, μήτε ἐγγύην εἰς 'Ρώμην αὐτοὺς κατὰ δόγμα τι καὶ κέλευσῖν ὁμολογεῖν[2].

Mommsen traduit ce passage par « et jure judiciisque suis civitatem Plarasensium et Aphrodisiensium uti, neque vadimonium Romam eos ad decretum quodvis et jussum promittere », et il y voit une clause ayant pour objet d'empêcher les magistrats Romains de renvoyer à Rome la cause d'un citoyen d'Aphrodisias, et d'exiger de lui des cautions pour répondre de sa comparution devant le tribunal Romain[3].

Ce passage offre donc un contraste assez frappant avec le décret de Céos, où ceux qui sont accusés d'avoir pris part à une révolution doivent garantir leur comparution devant le tribunal soit à Céos, soit à Athènes, en constituant des cautions devant les stratèges d'Iulis[4].

---

1. *B. C. H.*, V, 372, l. 20 sqq. (= MICHEL 291). 1re moitié du IIe s. av. J.-C.
2. *C. I. G.* 2737 b. (= VIERECK. No 5. Dernier siècle av. J.-C.) Nous donnons les restitutions du texte de Mommsen *in* BRUNS, *Fontes juris antiqui Romani*[5], p. 167 ss.
3. MOMMSEN *in* BRUNS, *loc. cit.*
4. V. *supra*, ch. III, § 1.

CONCLUSION

Nous avons étudié le cautionnement sous toutes ses formes et dans tout le monde grec. Nous avons puisé nos documents dans les inscriptions, dans les plaidoyers des orateurs, dans les lexiques, dans les œuvres des philosophes et des historiens ; quel est le résultat de nos recherches ? Nous avons d'abord constaté que le cautionnement jouait un rôle des plus importants dans la vie sociale, que ce fût en matière civile ou en matière judiciaire, dans la vie privée et publique du citoyen aussi bien que dans les rapports internationaux des divers États.

En matière civile il garantit l'exécution de contrats de toute sorte et le paiement des amendes encourues par le cautionné.

En matière judiciaire il assure d'abord la comparution du prévenu ou du défendeur devant le tribunal, et ensuite l'exécution des condamnations encourues. De même il intervient dans l'ἀφαίρεσις εἰς ἐλευθερίαν pour assurer la mise en liberté temporaire de l'homme esclave de fait.

Dans la politique intérieure, il garantit à Athènes l'état civil du fonctionnaire sous l'ancien régime de Dracon, et dans la politique extérieure il assure les droits du proxène et l'exécution soit des conventions conclues, soit des décisions rendues entre deux États.

Le cautionnement est un contrat accessoire au contrat principal, et nullement essentiel à sa validité ; comme les contrats en général il est purement consensuel ; pas plus qu'aucun contrat en Grèce, il n'est embarrassé de restrictions de forme. Tout citoyen majeur et sain d'esprit peut se porter caution ; quels que soient les liens de parenté qui l'unissent au cautionné, ils ne font pas obstacle.

De même ni le nombre des cautions ni la part d'obligation de chacun n'est déterminé par la loi. D'autre part, celle-ci sanctionne l'obligation de la caution envers le créancier, aussi bien que celle du débiteur envers la caution.

Enfin, le principe qui ressort surtout des textes, c'est l'identité de la caution avec le cautionné aux yeux de la loi. Ils sont solidaires pour les peines et amendes encourues soit en vertu du contrat, soit à la suite d'une décision du tribunal. De même la caution peut être poursuivie par le créancier, sans que celui-ci doive au préalable faire sommation au débiteur principal ou le poursuivre. La durée de l'obligation est la même pour l'un et pour l'autre.

Quant au βεβαιωτής ou garant, il n'est pas besoin d'insister sur l'importance de son rôle, non seulement dans les ventes ordinaires faites soit par un particulier, soit par l'État, mais aussi dans les affranchissements par vente fictive. Notons toutefois qu'à Athènes, à l'époque classique, on ne connaît pas la garantie d'un tiers, tandis qu'elle était de règle dans tous les autres États.

Le garant garantit le droit sur la chose vendue au même titre que le vendeur lui-même : il est loisible à l'acheteur de le poursuivre, si le vendeur manque à son obligation, et sa garantie dure aussi longtemps que celle du vendeur.

Nous avons vu que le fait de se porter caution ou garant était considéré comme un acte méritoire, et non sans raison, car les risques pouvaient être grands. Combien avons-nous vu de cautions condamnées à payer, en totalité ou en partie, des sommes pour lesquelles elles s'étaient rendues responsables ?

Dans cette pratique si générale du cautionnement chez les anciens Grecs on a cru voir un véritable abus, qui semblait justifier le reproche de mauvaise foi que leur faisaient si volontiers les Romains. Or, la généralité de cet usage s'explique facilement sans qu'il soit nécessaire d'y voir encore une preuve d'une accusation déjà trop exagérée.

D'un côté, la plupart des cités grecques d'où proviennent nos documents étaient dans un état d'agitation politique presque perpétuel, surtout au iv⁰ et au iii⁰ siècle, ce qui n'était pas fait pour établir le crédit ni pour assurer la confiance des hommes d'affaires.

De l'autre côté, les contrats se concluaient souvent entre un État ou une corporation quelconque et un particulier étranger. En pareil cas il fallait bien que l'étranger constituât des cautions pour garantir l'accomplissement du contrat.

Ces deux raisons suffisent à elles seules à expliquer la généralité du cautionnement, mais il faut ajouter que nous ne connaissons que relativement peu de cas de cautionnements constitués dans des contrats conclus entre deux particuliers, ce qui ne veut pas dire qu'ils n'aient pas existé — la matière sur laquelle on les inscrivait était d'une nature très peu durable, et la plupart ont sans doute été perdus.

Enfin on peut citer le dix-huitième caractère de Théophraste comme preuve que les Grecs eux-mêmes étaient les premiers à railler les abus auxquels le cautionnement pouvait donner lieu.

TABLEAU ANALYTIQUE

DES TERMES EMPLOYÉS DANS LE CAUTIONNEMENT
ET DANS LA GARANTIE.

Ἀναδέχεσθαι	*Se porter caution* (pas à Athènes, v. Ch. II, § 3). A Gortyne. ἀνδέκσασθαι, D. H. R., p. 382, l. 24, 41.
Ἀνάδοχος (= Ἀνδοκεύς)	*Caution.* Surtout à Délos, dans les prêts. Cf. HESYCH., s. v. Ἔγγυος· ἀνάδοχος et SUIDAS, s. v. Ἀνάδοχος.
Ἀνδοχά	*Cautionnement.* A Gortyne : D. H. R., p. 382, l. 34 et p. 397.
Βεβαιοῦν	*Garantir. Passim* (sauf à Athènes, v. Ch. II, § 5, A).
Βεβαίωσις	*Garantie. Passim* (sauf à Athènes, v. Ch. II, § 5, A).
Βεβαιωτής (-τήρ)	*Garant. Passim* (sauf à Athènes, v. Ch. II, § 5, A).
Διεγγυᾶν	I) *Se porter caution.* A Olymos; Lе BAS-WADD., 324. II) *Saisir des gages.* Étolie : B. C. H., V, 372.
Διεγγυᾶσθαι	*Cautionner quelqu'un.* A Délos surtout, en matière civile. En matière criminelle, v. HESYCH., Διεγγύησις· ἡ γινομένη ἐγγύησις τῶν εἰς τὸ δεσμωτήριον ἀγομένων.
Ἐγγυᾶν	*Exiger des cautions* : usage suspect de Harp., s. v. Πολέμαρχος.
Ἐγγυᾶσθαι (au moyen)	*Se porter caution* (τινὰ, τινί ou τι). *Passim.*
Ἐγγυεύειν	*Se porter caution.* A Delphes : WESCHER et FOUCART, n° 139.
Ἐγγύη	*Cautionnement*; parfois *la somme* pour laquelle on se porte caution. *Passim.*
Ἐγγύησις	*Cautionnement.* A Délos surtout.
Ἐγγυητής Ἔγγυος Ἔνγυος Ἔγγουος	*Caution.*

— καθιστάναι (*passim*); — συνιστάναι; — διδόναι; — προσάγειν (devant un magistrat), constituer des cautions.

— λαμβάνειν, — δέχεσθαι, se faire constituer des cautions.

— εὐδοκεῖν, agréer des cautions (S. I. G., 306, l. 38).

'Εξεγγύη   *Cautionnement* pour assurer la liberté à quelqu'un ;
                 cautionnement judiciaire.
'Εξεγγυῆσαι   *Remettre sous cautionnement*. (ANTIPH., *De caede
                 Herod.*, 41.)
'Εξεγγυήσασθαι   *Faire mettre en liberté en se portant caution*, v. p. 120,
                 note 2.
'Εξεγγύησις   = 'Εξεγγύη.
'Εχέγγυος   = ὁ ἀσφαλὴς ἐγγυητής. PHOTIUS.
Καταχυροῦν   *Garantir*.
Κατεγγυᾶν   *Exiger des cautions* de quelqu'un devant un magistrat.
Κατεγγυεύειν   *Constituer des cautions*. Andanie : *S. I. G.*, 653, l. 69.
Μεσεγγύημα   = τὸ τίθεσθαί τινι συμφωνίᾳ μισθὸν ἐπ' ἐγγύῃ. HÉSYCHIUS.
Μεσέγγυος   = Μεσίτης· ἐγγυητὴς μέσος δύο μερῶν. PHOTIUS.
Πρατήρ   *Garant. Passim* (sauf à Athènes, v. BEKKER, *An. Gr.*,
                 I, p. 38).
Πρατορεύειν   *Se porter garant*. A Ténos : D. H. R., p. 78, l. 84.
Προαποδιδόναι   *Garantir*. Dans les actes d'affranchissement.
Προαποδότης   *Garant*. Dans les actes d'affranchissement.
Προπωλεῖν   *Garantir*. Cf. PLATO, *Leg.*, 953-4 et des actes d'affran-
                 chissement.
Προστάτης   *Caution*. A Thespies (v. *Rev. de Philologie*, XXII, p. 359).
Πρωγγυεύειν   *Se porter caution*. A Héraclée : D. H. R., p. 208, l. 155,
                 πεπρωγγυευκῆμεν.
Πρώγγυος   *Caution*. A Héraclée : D. H. R., *loc. cit.*, Cf. προέγγυος
                 à Stratos.
Συμβεβαιοῦν   *Garantir avec* un autre garant. A Halicarnasse : *S. I. G.*,
                 6, l. 6.
Συμπρατήρ   *Garant*. Cf. BEKKER, *An. Gr.*, I, p. 193. ὁ τὰ πωλούμενα
                 ὑφ' ἑτέρου βεβαιῶν.

TABLE DES MATIÈRES

Imp. Fr. Simon, Rennes (939-02).